우주가 보이는 우주책

우주가 보이는 우주책

이지유 지음

목차

1부 태양계 이야기

1. **태양계**는 어떻게 생겼을까?   010

2. **오, 빛나는 태양!**   026

3. 달 달 **무슨 달**   044

4. 뜨거운 **온실 행성, 금성**:   060
   지구는 금성처럼 될까?

5. **우리**는 왜 **외계생명체**를 찾을까?   074

6. **별똥별**이 떨어진다!   100

목차

2부 별과 우주 이야기

7. **별**의 일생 … 118

8. **블랙홀** 이야기 … 142

9. **은하**의 정체를 밝혀라 … 162

10. **팽창**하는 **우주** … 186

11. **빅뱅** 우주론 … 200

용어 설명 … 216
작가의 말 … 218
이미지 저작권 … 220

✦ 웨스트룬드2 성단. 별들이 탄생하고 있다.

▲ 미국 하와이에 있는 Keck I, Keck II 망원경. 대기권 상층에 인공별을 만들기 위해 레이저를 쏘고 있다.

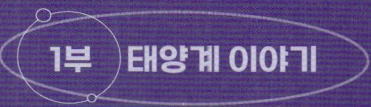

태양계는
어떻게 생겼을까?

✦ 태양계는 얼마나 클까?

　우리는 태양계의 세 번째 행성인 지구에 살고 있는 지구인이야. 숲을 벗어나지 않으면 숲의 전체 모습을 알기 어렵지? 그것처럼 태양계 전체의 모습을 한눈에 보는 것은 불가능해. 지구인은 지구를 벗어나기 힘드니까. 하지만 천문학자들의 관측과 계산을 토대로 우리 태양계의 모습을 상상할 수는 있어. 우리가 다른 별에서 태양계를 바라보는 것처럼 말이야. 그러니 잠시 다른 별에 사는 외계인이 되었다고 생각하고 태양계를 바라보자. 재미있겠지?

외계인은 태양 둘레를 지구가 돌고 있다는 사실을 모를 수도 있어. 태양과 지구 사이의 거리는 멀고 지구는 너무 작아서 잘 보이지 않으니까. 태양 역시 약하게 빛나는 점 하나에 불과해. 우리가 밤에 보는 별과 다를 바 없단 말이지. 태양과 가장 가까운 별에서 봐도 태양은 어두운 점 하나일 뿐이야. 그러니 외계인의 망원경이 엄청나게 좋지 않으면 지구의 존재를 절대 알 수 없을 거야.

그렇더라도 외계인들은 태양의 반지름이 69만 6,000킬로미터(지구 지름의 약 109배)이고 질량은 1.989×10^{30}킬로그램(지구 질량의 약 33만 3,000배), 수소와 헬륨이 98퍼센트를 차지하고 있다는 것 정도는 알 거야. 표면온도는 5,500도이고 표면에는 흑점이 있으며 때때로 자기 폭풍(흑점 활동 등의 영향으로 태양의 표면이 폭발하여 고에너지 입자를 내뿜는 현상)이 분다는 것도 알 거야. 외계인이 사는 행성에서 보이는 별도 태양과 비슷할 테니 그 정도는 알 수 있어.

태양은 엄청나게 활발하게 움직이고 있어. 이 사진은 자외선으로 찍은 다음 우리가 볼 수 있게 색을 입힌 거야.

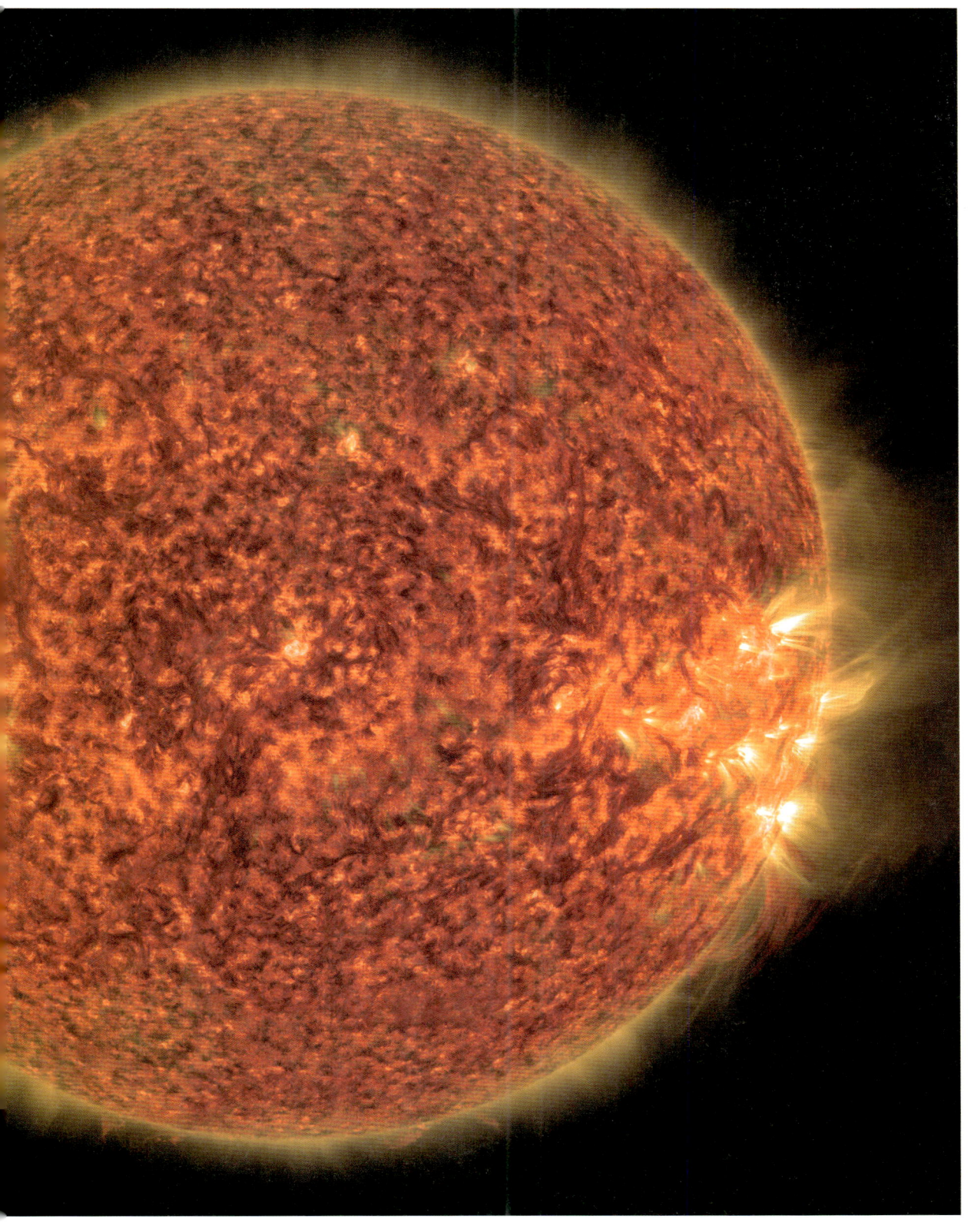

✦ 에너지의 뿌리, 태양빛

태양은 태양계 전체 질량의 99.8퍼센트를 차지하고 있어. 8개의 행성과 수많은 위성, 소행성, 혜성 들이 모여 있는 작은 천체들을 다 합쳐도 태양계 질량의 0.2퍼센트밖에 되지 않아. 태양계는 말 그대로 태양이 왕인 셈이야.

말로만 왕이 아니라, 실제로 태양이 없는 태양계는 상상할 수 없어. 태양의 중력을 중심으로 모든 행성과 소행성, 혜성의 궤도가 정해지지. 또 태양빛은 모든 행성과 위성의 에너지원이야. 당장 지구를 생각해 봐. 지구의 다양한 날씨와 기류, 해류, 다양한 기후대는 모두 태양에너지 때문에 생겨나. 물론 땅속에서 솟아나는 열기와 화산폭발이 기후에 영향을 주긴 하지만, 태양에너지만큼 강력하진 않아.

광합성을 하는 식물이 없다면 동물도 살아남을 수 없어. 돌고 도는 생태계의 뿌리는 태양에서 온 빛이야. 화석연료인 석탄은 고생대에 햇빛을 받아 광합성을 한 나무들이 변한 것이니 이 역시 태양에너지의 또 다른 모습이야.

태양 둘레를 공전하는 행성과 위성은 태양빛에 반사되어 모습을 드러내. 그러니 태양은 빛의 근원이라 할 수 있지.

✦ 태양의 공전면

태양계에는 8개의 행성이 있어. 태양에 가까운 것부터 수성, 금성, 지구, 화성, 목성, 토성, 천왕성, 해왕성이 있어. 행성들은 태양을 중심으로 동심원을 그리며 같은 방향으로 공전하지.

공전 면은 원반 모양이야. 행성들의 공전 면이 편평한 원반을 이루는 이유는 태양계가 거대한 먼지구름에서 거의 동시에 생겨났기 때문이야. 거대한 먼지구름은 서서히 회전하면서 뭉치는데, 가운데 부분은 태양이 되고 물질들은 회전축에 수직인 원반을 향해 떨어져. 그래서 거대한 먼지구름은 납작한 접시 모양이 되고 그중 밀도가 높은 부분이 뭉쳐서 행성이 되는 거야.

행성이 생겨도 원반이 돌던 방향 그대로 돌아. 원래 그렇게 돌고 있었으니까. 그래서 행성의 공전 방향이 모두 같은 거야.

태양계가 만들어질 당시 모습을 상상한 거야. 태양 주위의 먼지구름들은 나중에 행성이 될 물질들이지.

화성과 목성 사이에는 소행성들이 모여 있는 소행성대가 있어. 소행성은 암석으로 이루어져 있고, 크기가 작아서 공처럼 둥글게 뭉쳐지지 못했어. 자체 중력이 크지 않기 때문이야. 그래서 감자 모양, 눈사람 모양 등 제멋대로 생긴 것이 많아. 이 소행성들은 행성이 되지 못한 것일까? 아니면 행성이 부서져 버린 걸까?

천왕성보다 먼 곳에는 혜성들이 모여 있는 카이퍼대가 있어. 이곳에는 얼음으로 이루어진 혜성이 엄청나게 많아. 우리가 보는 혜성은 해왕성보다 먼 곳에서 온 것들이야. 태양계 끝에서 온 손님이지.

카이퍼대보다 먼 곳에는 태양계를 공처럼 감싸고 있는 오르트 구름이 있어. 오르트 구름에는 훨씬 많은 혜성들이 있어. 소행성대와 카이퍼대는 행성처럼 원반에 납작하게 분포해 있지만 오르트 구름은 태양계를 둥글게 감싸고 있어. 이곳에 있는 혜성이 태양계 안쪽으로 들어오는 일은 아주 드물어.

이제 태양계가 어떻게 생겼는지 상상할 수 있겠지?

✦ 카이퍼대

태양계 가장자리에는 카이퍼대와 오르트 구름이 있어. 카이퍼대의 바깥쪽 경계는 오르트 구름과 연결되어 있어. 오르트 구름을 벗어나야 진짜 태양계 바깥이지.

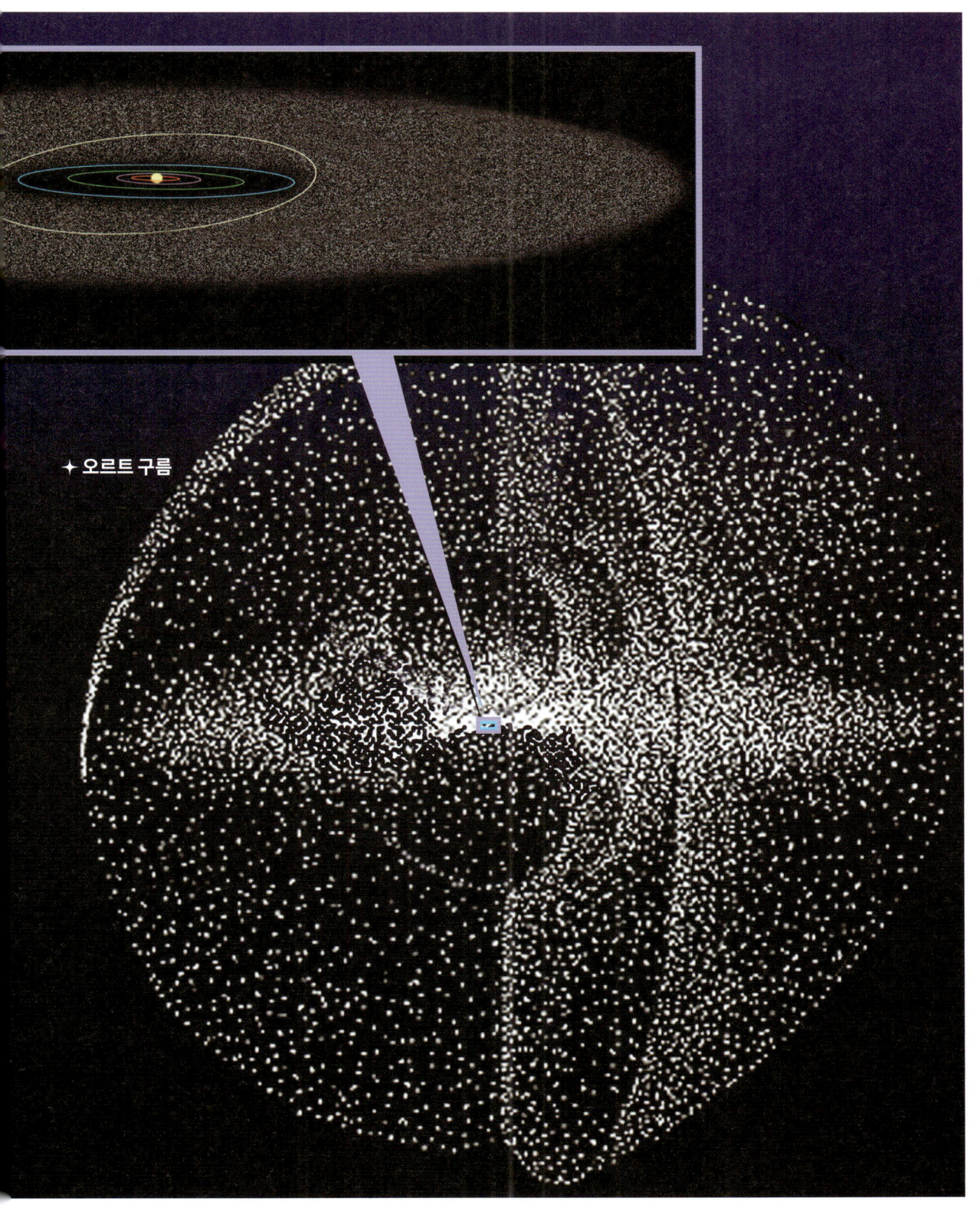

✦ 오르트 구름

태양은 아직 젊어!

✦ 태양계의 나이는 어떻게 알아?

지구에 가만히 앉아서 태양계의 나이를 측정한다니, 그게 가능하다고? 우선 지구에 있는 암석의 나이를 알아보는 일이 도움이 될 거야. 아무리 해결하기 어려운 일도 가까이 있는 것부터 하나하나 해결해 나가면 결국 답을 얻을 수 있는 경우가 많아.

암석은 다양한 원소로 이루어져 있고, 원소들 가운데는 일정한 시간이 지나면 다른 원소로 변하는 것들이 있어. 원소에는 양성자나 중성자로 이루어진 핵이 있는데, 핵은 대부분 안정적인 상태라 깨지거나 변하지 않아. 하지만 원소 중에는 핵이 깨져서 다른 원소로 변하거나, 양성자 중 하나가 중성자로 변해서 다른 원소가 되어 버리는 것들이 있어.

어떤 원소가 일정한 양 있을 때, 원소의 양이 일정하게 유지되다가 반으로 줄어드는 데 걸리는 시간을 반감기라고 하지. 과학자들은 다양한 원소의 반감기를 측정해 놓았어.

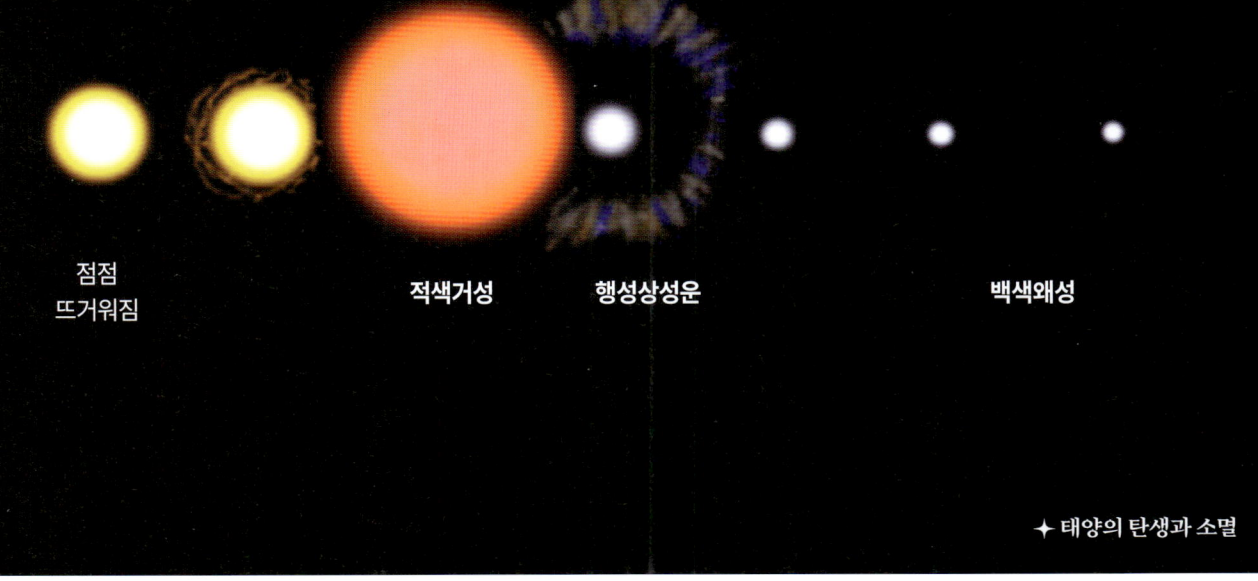

✦ 태양의 탄생과 소멸

  이 자료를 바탕으로 암석에 포함된 원소들의 양과 각 암석의 나이를 측정해 보았어. 그렇게 알아낸 지구의 나이는 45억 년이 조금 넘는다고 해.

  천문학자들은 태양의 수학적 모형을 만든 다음, 이를 관측값과 비교해서 검증하면서 태양의 나이를 계산했어. 그랬더니 46억 년 정도인 것으로 밝혀졌지 뭐야. 지구와 태양은 거의 동시에 태어났고, 시기적으로 보아 태양이 조금 먼저 태어난 것이 확실해. 그런데 계산으로 밝혀낸 태양의 나이와 암석의 나이로 알아낸 지구의 나이가 비슷해. 그러니 이 나이는 믿을 만한 거지. 그래서 과학자들도 이에 대해 과학적 논쟁을 벌이지 않아. 너무 잘 맞아떨어지기 때문이지.

  태양계의 나이가 46억 년이라고 하면 아주 오래된 것 같지만 우주의 나이가 138억 년인 걸 생각하면 그렇게 오래된 것도 아니야. 우주의 나이에 비하면 겨우 3분의 1 정도 산 셈이니까. 이제 태양계의 모습이 좀 그려지지?

★ 국제우주정거장에 탑승한 우주비행사가 찍은 해돋이 모습이다.

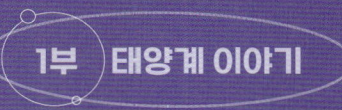

1부 태양계 이야기

오,
빛나는 태양!

✦ 오, 빛나는 태양!

해 곧 태양은 별이야. 별은 내부에서 핵융합이 일어나 스스로 빛을 만들어 내는 천체야. 천체란 하늘에 있는 물체라는 뜻이지.

지구를 지구별이라고 부르는 사람들이 있는데, 이건 과학적으로 맞지 않아. 지구는 별이 아니거든. 우주에서 지구를 볼 수 있는 이유는, 태양이 뿜어내는 빛 덕분이야. 태양계에서 등불처럼 사방을 밝혀 주는 빛의 원천은 태양밖에 없어. 지구, 금성, 화성, 목성 등 태양 둘레를 공전하면서 태양빛에 반사돼 보이는 천체를 행성이라고 해. 달처럼 행성 둘레를 도는 천체를 위성이라고 하고 말이야.

옛날 사람들은 태양이 불덩어리라고 생각했어. 그런데 불은 나무나 석탄에 붙이기 때문에 태양도 그 비슷하다고 여겼지. 이건 어찌 보면 당연한 일이야. 사람은 알고 있는 지식을 바탕으로 상상을 하는데, 옛날 사람들은 나무나 석탄, 동물의 똥을 태우는 것밖에 몰랐으니까. 태양이 커다란 낙타 똥 덩어리라고 생각하지 않은 게 다행이지 뭐야.

게다가 하늘에서 떨어지는 불붙은 돌, 곧 운석을 보니 철로 이루어져 있더란 말이야. 그래서 태양은 불타는 거대한 철 덩어리라고 생각하기도 했어. 농담이 아니야. 지금은 태양이나 별의 주성분이 수소라는 걸 알지만 19세기 말, 20세기 초에 지구에 살고 있던 거의 모든 사람들, 심지어 이름난 과학자들조차 태양이 철 덩어리라고 믿었어. 아인슈타인도 퀴리도.

태양이 나무나 철로 이루어지지 않았다는 사실을 처음으로 밝혀낸 사람은 세실리아 페인가포슈킨(1900~1979)이야. 페인가포수킨은 태양빛을 열심히 조사해서, 주성분이 수소라는 사실을 알아냈어. 그리고 밤하늘에 떠 있는 무수한 별들의 주성분 역시 수소라는 사실을 밝혀냈지.

✦ 세실리아 페인가포슈킨

 이건 정말 놀라운 사실이야. 수소는 아주 가벼운 기체거든. 그래서 비행기가 사람들을 태우고 다니기 전에는 커다란 풍선에 수소를 넣어서 비행선을 만들곤 했으니까. 그렇게 가벼운 수소가 둥글게 뭉쳐서 빛을 낸다니, 그것이 태양의 본모습이라니, 사람들은 도저히 믿을 수 없었어.

 페인가포슈킨의 지도교수조차 연구 결과를 믿어 주지 않았어. 그래서 이 연구는 한동안 빛을 보지 못했지. 당연히 거의 알려지지도 않았어. 하지만 진실은 밝혀지게 되어 있어. 곧 사람들은 태양을 비롯한 별들이 거대한 수소 뭉치라는 점을 인정하지 않을 수 없었어.

 태양이 수소 덩어리라고? 여기서 한 가지 의문에 부딪치게 돼. 도대체 수소들이 어떻게 빛과 열을 만들어 내는 걸까?

✦ 태양이 빛나는 방법

 태양은 핵융합으로 빛과 열을 만들어 내. 핵융합이 뭔지 궁금하지? 수소는 원소 중에 가장 간단하게 생겼어. 핵이 하나, 그 주변에 전자가 하나 있는데, 잠깐 전자의 존재는 덮어 두자. 지금은 핵만 생각하는 거야.

수소의 핵은 양성자(중성자와 함께 원자핵을 구성하는 입자) 입자 하나로 이루어져 있어. 수소 다음으로 간단한 원소는 헬륨이야. 수소 다음으로 간단하게 생겼으니 양성자가 2개 있으면 될 것 같지? 그런데 여기에 중성자가 2개 더 붙어서, 헬륨의 핵은 양성자 2개, 중성자 2개로 이루어져 있어. 양성자와 중성자는 질량이 거의 같으니 헬륨은 수소보다 얼추 4배 무거운 거지.

이제 산수만 할 줄 알면 돼. 헬륨 하나를 만들려면 수소가 몇 개 필요할까?

1 + 1 + 1 + 1 = 4 !

딩동댕! 맞았어. 수소 4개가 엉겨 붙으면 헬륨 하나가 되는 거야. 이 엉겨 붙는 과정을 핵융합이라고 해. 수소가 핵융합을 해서 헬륨이 되는 과정은 간단하지 않고, 산수로 완벽하게 설명할 수도 없어. 수소 4개가 융합했으니 헬륨의 질량은 수소의 4배가 되어야 하지만, 아무리 이리 재고 저리 재도 0.7퍼센트 모자라. 이 질량은 어디로 간 걸까?

결론부터 말하면, 이 사라진 질량이 바로 '빛'과 '열'이 된 거야. 그러니까 사라진 것이 아니라 상태가 변한 거지. 물질이 에너지로! 물질이 에너지로 변할 수 있다는 생각을 처음으로 해낸 사람은 아인슈타인(1879~1955)이야.

$E = mc^2$ (E:에너지, m:질량, c:속도)

이런 방정식 본 적 있니? 에너지(E)는 질량(m)에 속도(c)의 제곱값을 곱한 것과 같다는 뜻으로 '에너지 보전의 법칙'이라고 해.

여기서 m 자리에 사라진 질량을 넣으면 빛과 열이 얼마나 나오는지 계산할 수 있어. 과학자들의 계산에 따르면 1초에 6억 톤의 수소가 5억 9,600만 톤의 헬륨으로 바뀌면서 400만 톤 가량의 빛과 열을 낸다고 해. 지금 이 순간에도 말이야.

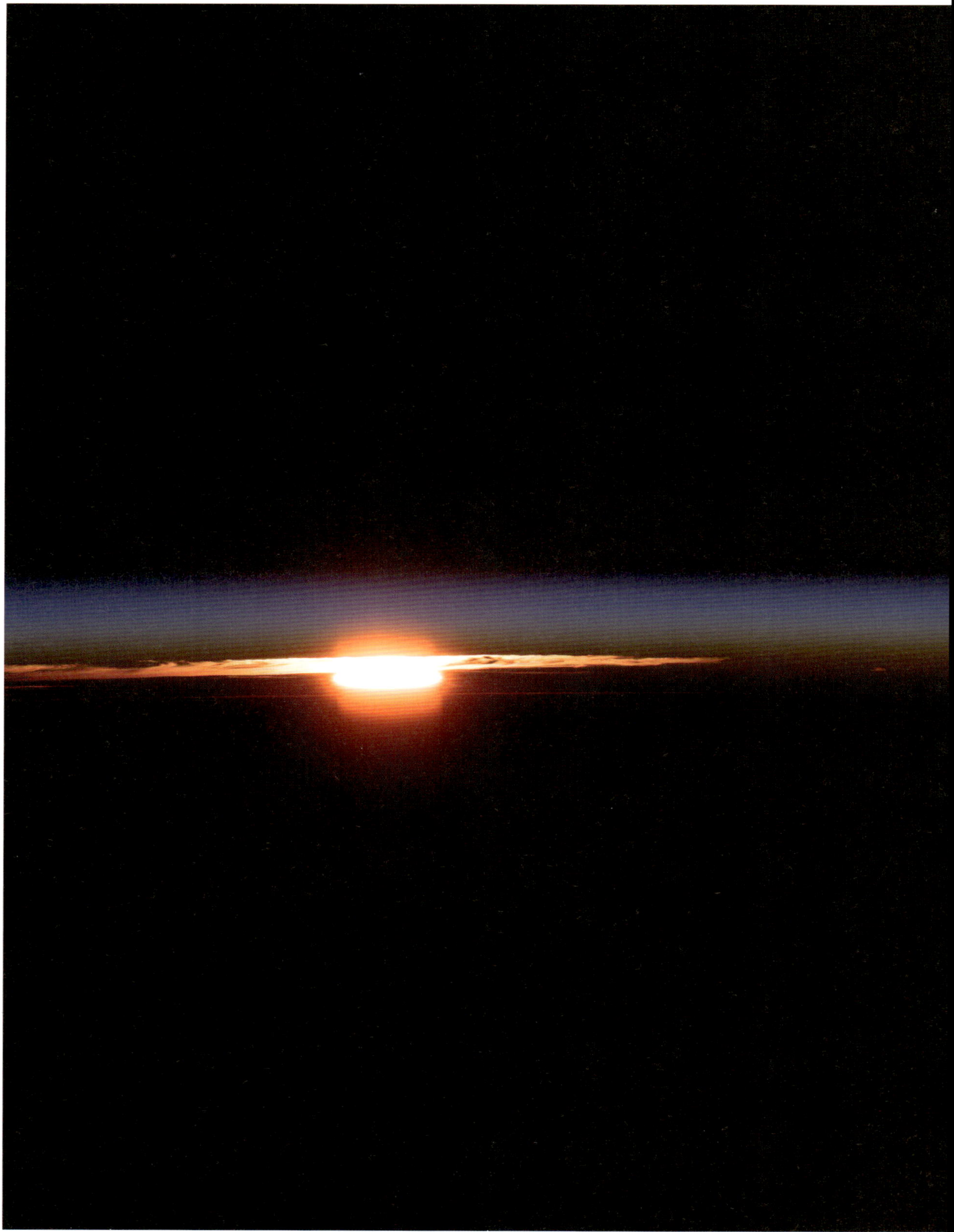

✦ 막 태어난 빛이 빠져 나오려면?

　태양이 빛을 만드는 방법은 아주 간단해 보여. 수소가 핵융합을 하기만 하면 헬륨이 생기면서 빛과 열이 나오니까. 그런데 이런 일이 일어나려면 태양 중심부의 온도가 천만 도여야 해. 어떻게 온도가 이렇게까지 상승하게 된 걸까?

　태양의 질량은 지구의 약 33만 배야. 이 정도로 많은 수소가 모이면 질량 중심을 향해 주변 수소가 모여들어. 그러면 태양 가운데 부분은 위에서 내리누르는 수소 때문에 압력이 어마어마하게 높아져. 동시에 온도가 오르지. 온도가 계속 올라 천만 도에 이르면 수소들이 너무나 가까이 붙어 있어서 충돌할 확률이 커져서 결국 들러붙게 되는 거야. 핵융합이 이루어지는 거지.

　핵융합이 이루어지고 빛이 태어났어. 이제 빛은 태양 밖으로 나와야 해. 그래야 태양이 빛날 수 있어. 그런데 빛이 태양 밖으로 나가는 게 쉽지 않아. 빛은 직선으로 움직이고 싶지만 수소와 헬륨과 전자들이 너무나 가까이 있어서 1밀리미터 이상 나아갈 수 없어. 가장 문제가 되는 것은 전자들이야. 전자는 빛을 너무 좋아해서 만나기만 하면 날름 삼키거든. 그리고 또다시 뱉어 내곤 하지. 사람이 많은 슈퍼마켓이나 전철 안을 생각해 봐. 나는 곧바로 가고 싶지만 지그재그로 갈 수밖에 없잖아. 바로 그런 상황과 비슷해.

태양 중심부에서 태어난 빛은 이렇게 부딪히기를 반복하면서 수십만 년 동안 태양을 탈출하지 못하고 그 속에서 맴돌아. 그래도 시간이 지나면 서서히 바깥쪽으로 밀려 나와 드디어 태양 표면에 이르고, 그 뒤로는 광활한 우주 공간으로 날아가.

날마다 태양에서 날아와 우리를 데워 주는 태양빛은 수십만 년에서 백만 년 동안 태양 내부에서 탈출하려고 시도하던 놀라운 빛이야. 일단 태양을 벗어나면 지구까지 오는 데는 단 8분밖에 걸리지 않아. 그러니 아침햇살을 반겨 주자!

✦ 태양 속을 들여다본 적이 있어?

지금까지 처음 태어난 빛이 태양 속에서 얼마나 고생하며 나왔는지 설명했어. 그런데 이런 설명은 참 이상해. 누가 본 적이 있어? 태양 속을 들여다본 사람이 있느냐 말이야. 없어.

아무리 실력 좋은 과학자라도 태양 안을 들여다볼 수는 없어. 그럼 태양 속에서 벌어지는 일을 어떻게 알아내는 거지? 과학자들은 세 가지 방법으로 태양의 내부를 연구해. 첫째 수학적 모형을 만들어 계산하고, 둘째 태양 진동을 관측하고, 셋째 중성미자를 관측해서 계산값을 확인해.

이 중에서 가장 흥미진진한 것은 '중성미자'야. 중성미자는 핵융합을 할 때 생기는 입자인데, 누구와도 만나거나 대화하지 않는 입자로 알려져 있어. 과학적으로 말하면 무엇과도 반응하지 않는 입자라는 뜻이야. 반응하지 않으면 우리는 중성미자의 존재를 알아차릴 수 없어. 모든 물질을 통과해 버리니까. 마치 아무것도 없는 것처럼 말이야.

예를 들어 엑스선은 웬만한 물질과는 반응하지 않고 통과하지만 뼈처럼 단단한 물질과 반응하기 때문에 몸속의 뼈를 볼 수 있어. 그리고 2.5

센티미터 정도 되는 납은 절대 통과하지 못해. 다시 말해 납과 반응한다는 뜻이야. 중성미자를 납과 반응시키려면 두께가 1광년이나 되는 납이 필요해. 1광년은 빛이 1년 동안 가는 거리에 해당하는 길이야. 태양계의 지름보다 긴 거리지. 이런 납판을 만들 수는 없어. 중성미자를 잡는 건 불가능하다는 뜻이야.

그래서 태양 내부에서 생긴 빛이 수십만 년 동안 나오지 못하고 고생하는 반면, 동시에 태어난 중성미자는 아무런 방해를 받지 않고 가볍게 태양 밖으로 빠져 나와 8분이면 지구에 도착해. 물론 지구도 없는 듯이 그냥 통과하고 말지. 지금 이 글을 읽고 있는 이 순간에도 수천조 개의 중성미자들이 우리 몸을 통과해서 저 멀리 우주로 날아가고 있어. 그래도 걱정할 필요는 없어. 우리 몸과 아무런 반응을 하지 않기 때문에 느낄 수 없고 건강에 이상이 생기지도 않아.

그런데 말이야, 이런 중성미자를 붙잡아 수를 셀 수 있다면 태양 속에서 벌어지는 일을 좀 더 정확하게 알 수 있을 거야. 핵융합이 얼마나 많이 일어나는지 확실히 알 수 있단 말이지. 계산을 하지 않고도. 그래서 과학자들은 중성미자를 잡기로 결심했어. 지하 2킬로미터에 있는 탄광에 중성미자를 잡을 물질을 채운 커다란 탱크를 놓고 기다렸어. 그랬더니 태양 속에서 생겨난 중성미자 중 일부가 걸려들었고, 그 수를 세어서 태양 속의 상황을 좀 더 정확하게 알게 되었지. 이 과정을 더 자세히 알고 싶다면 대학에 가서 천문학을 공부하는 것도 좋아. 아주 재미있어.

우리나라에도 중성미자를 실험하는 곳이 있어. 천문학자가 되고 싶은 친구는 손 들어 봐!

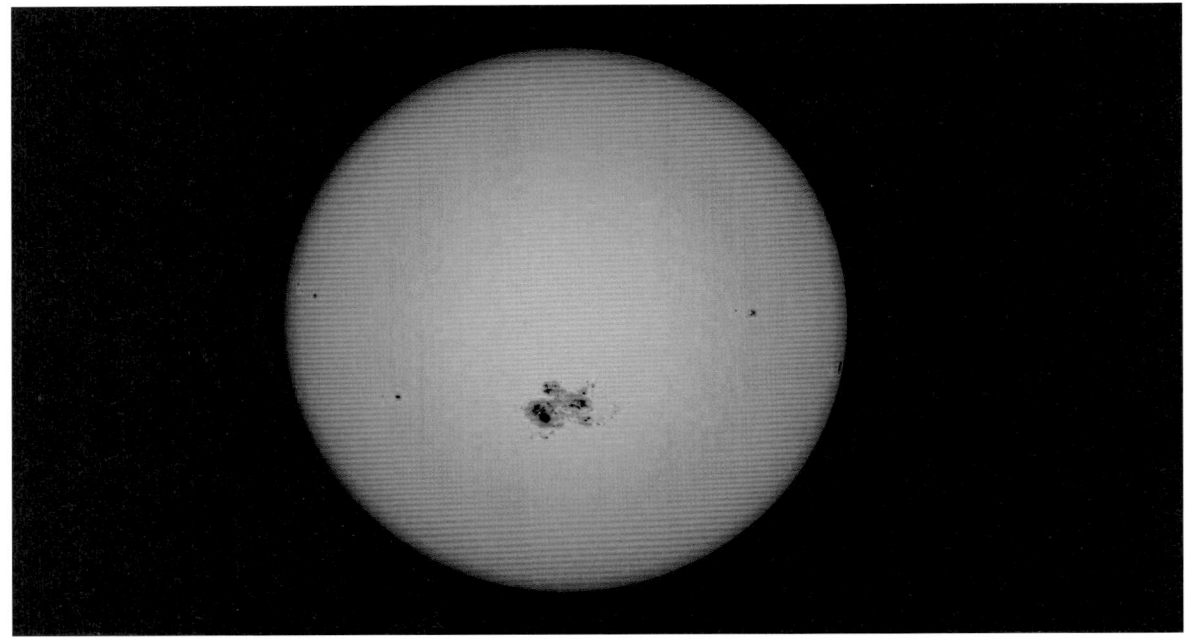

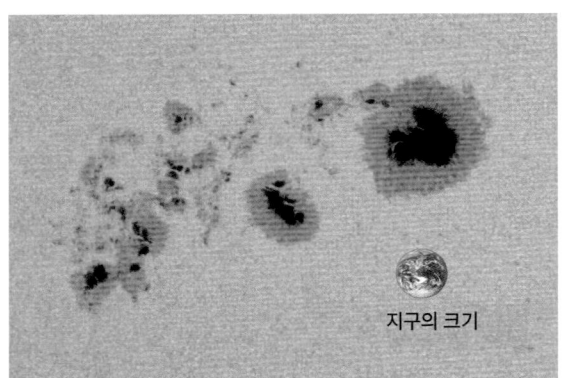

지구의 크기

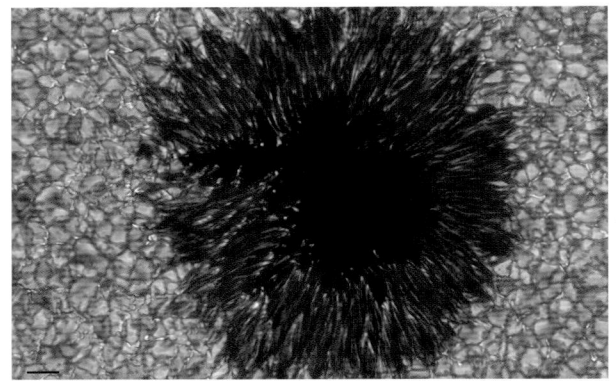

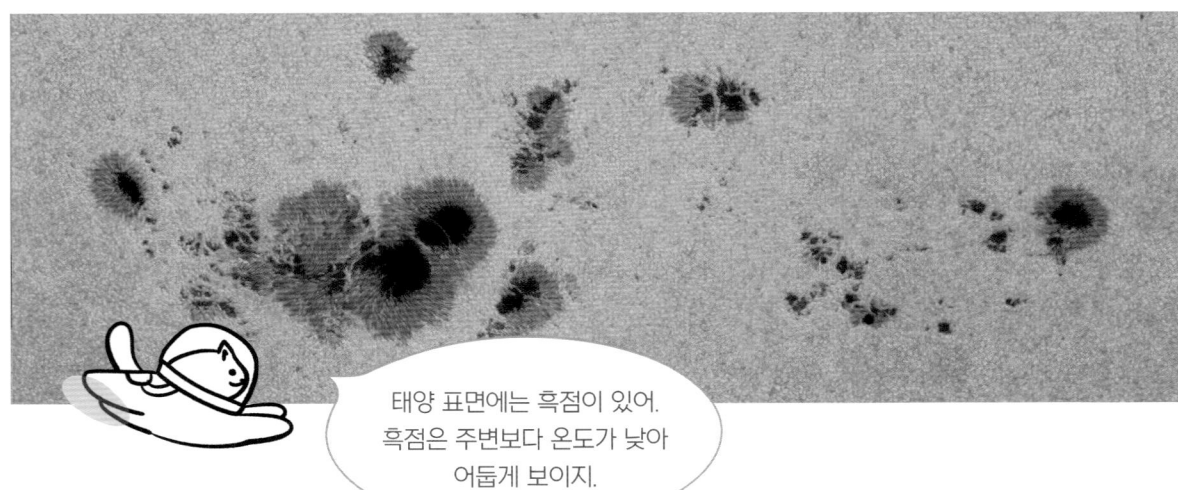

태양 표면에는 흑점이 있어.
흑점은 주변보다 온도가 낮아
어둡게 보이지.

✦ 태양 표면에는 무엇이 있을까?

태양이 빛과 열을 만들어 내는 이야기를 했으니 이제 태양 표면에서 볼 수 있는 다양한 현상들에 대해서 이야기해 줄게.

우선 가장 먼저 눈에 띄는 것은 흑점이야. 얼굴에 주근깨가 있거나 여드름이 나서 고민인 사람은 태양도 그렇다는 것을 생각하면 조금 위로가 될 거야. 우리는 모두 우주의 일부이니 서로 닮았다고 생각하면 마음이 편하지 않겠어?

사실 흑점이 검게 보이는 것은 주변보다 조금 온도가 낮기 때문이야. 태양의 표면온도는 5,800도 정도이고 흑점의 온도는 4,000도거든. 그래도 정말 높은 온도지?

그럼 질문이 생길 거야. 왜 여기는 주변보다 온도가 낮은 걸까? 태양은 기체로 이루어져 있고 기체는 흐르기 때문에 태양 표면은 골고루 잘 섞여서 점 같은 것이 생기면 안 돼. 그런데 흑점이 있어. 태양 표면에선 무슨 일이 벌어지고 있는 걸까?

우선 흑점의 온도가 주변보다 낮다는 것은 뜨거운 물질이 흑점으로 들어오는 것을 막고 있다는 뜻이야. 원래 열은 높은 곳에서 낮은 곳으로 흐르는 것이 당연한 이치거든. 그러니 무언가가 막지 않는다면 흑점은 생겨서는 안 되는 거지. 과학자들은 흑점을 열심히 관찰한 결과 흑점이 있는 부분은 자기장이 강하다는 걸 알게 되었어. 자기장이 강하다 보니 물질들이 붙들려 이러지도 저러지도 못한 채 정체되어 있는 거지.

게다가 이 자기장은 탱탱한 고무줄처럼 태양 속과 겉으로 이어져 있어서, 마치 살아 있는 것처럼 꼬이기도 하고 늘어나기도 하고 표면 위로 불룩 솟아오르기도 해. 어찌 보면 줄넘기 줄 같기도 해. 이렇게 탱탱

한 고무줄 같은 자기장이 울타리처럼 자리 잡고 있으면 물질들이 쉽게 이동하지 못하고, 뜨거운 곳과 덜 뜨거운 곳이 생기게 돼. 흑점은 이렇게 해서 생기는 거야.

✦ 태양도 기분이 있어

우리가 기분이 좋은 날과 그렇지 않은 날이 있듯이, 태양도 활동이 왕성한 때와 그렇지 않은 때가 있어. 천문학자들은 날마다 태양 흑점의 개수를 세. 흑점의 수가 많은 날은 태양의 활동이 활발한 날이고, 흑점의 수가 적은 날은 활동적이지 않은 날이야. 태양도 기분이 있다니 정말 신기하지?

태양의 활동성을 아는 것은 지구인들에게 아주 중요해. 왜냐하면 태양이 활발하면 에너지가 강한 입자들이 지구를 때리는데, 이때 건강에 나쁜 영향을 받을 수도 있기 때문이야. 지구에도 대기가 있고 자기장이 있어서, 고에너지 입자들을 대부분 막아 주지만, 비행기를 자주 타는 승무원이나 우주정거장에서 오래 머무르는 우주인들은 고에너지 입자 때문에 병에 걸릴 수도 있어.

그래서 천문학자들은 태양의 기분을 잘 살펴서 태양의 활동이 너무 지나치면 대피 명령을 내리거나 비행기 운항을 취소하기도 해. 때때로 태양은 지구 표면의 전력망에 충격을 주어서 정전을 일으키거나, 자기장을 따라 이동하는 새들이 길을 잃고 헤매게 만들기도 하지. 태양의 힘이 정말 대단하지? 그래도 이런 태양이 있어서 지구엔 다양한 생명이 숨 쉬고, 우리도 살아갈 수 있어. 그러니 태양에게 고마움을 전해 볼까.

태양, 땡큐!

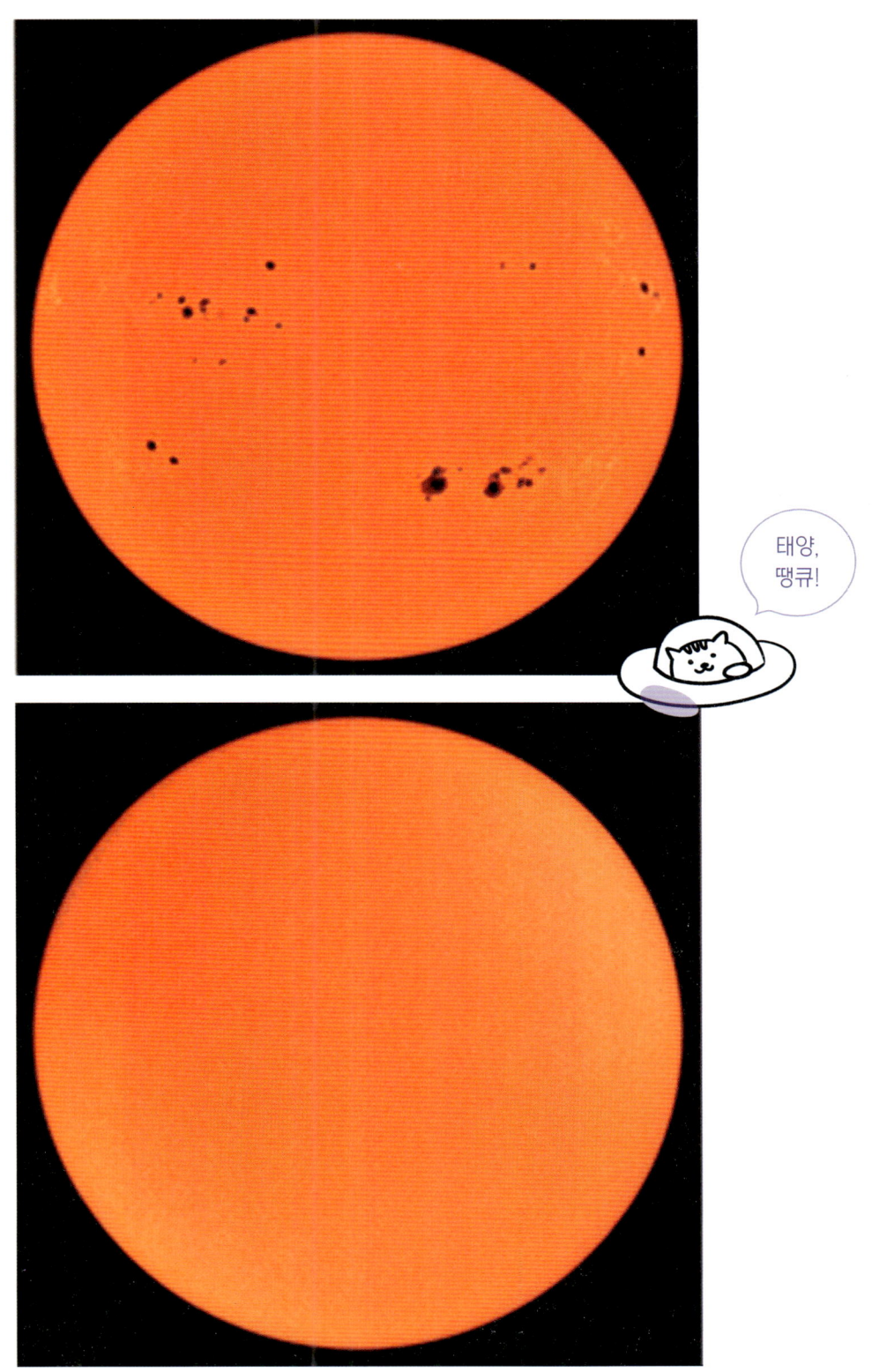

오, 빛나는 태양!

앗, 뜨거워!

지구의 크기

✦ 2012년 8월 31일에 관측된 태양 플레어(태양면 폭발)로 코로나 물질이 길게 뿜어져 나오고 있다.

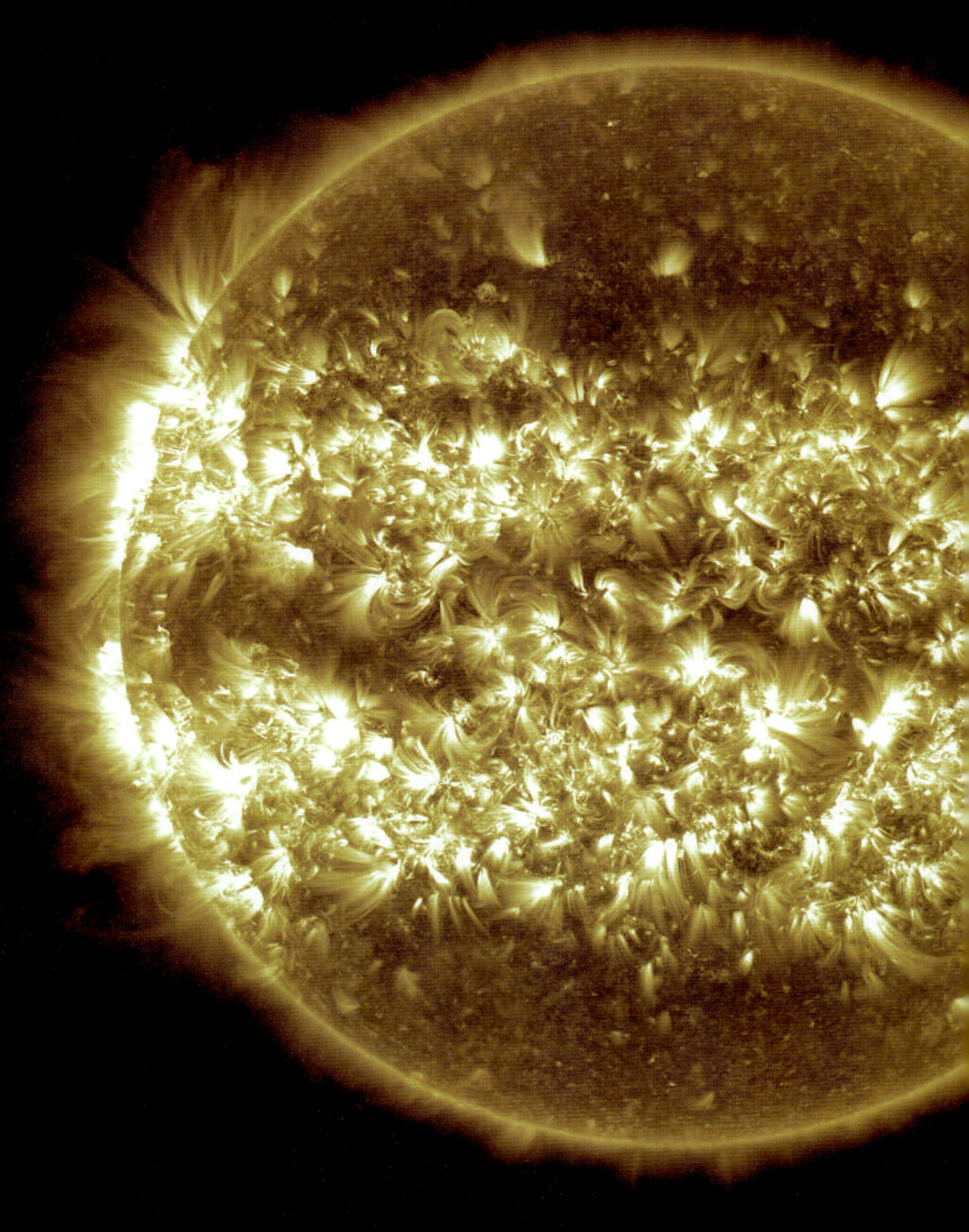

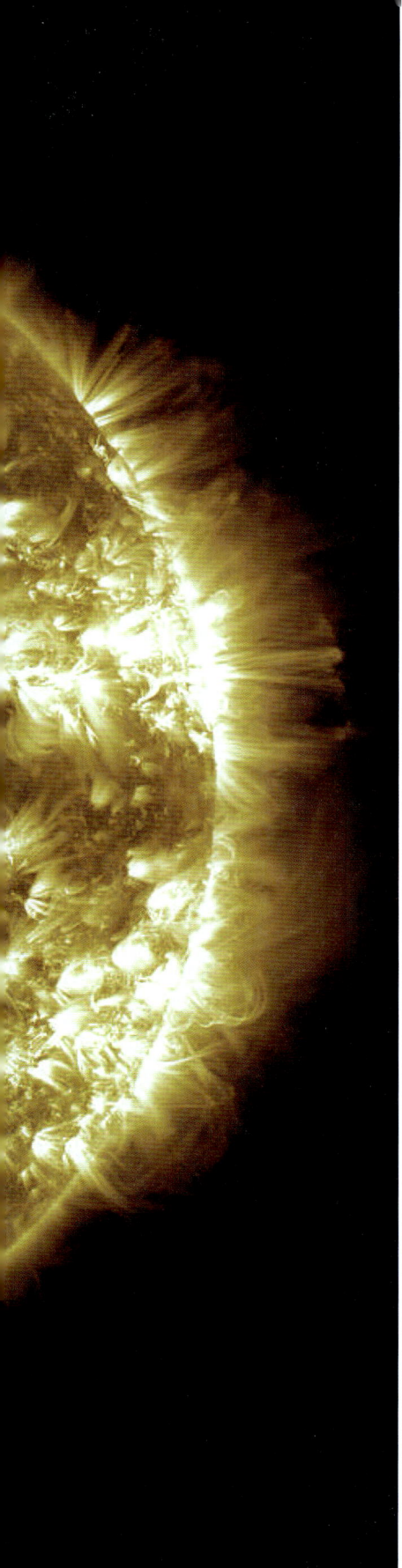

✦ 1년 동안의 태양 활동이 담긴 사진으로,
사진 25장을 합쳐서 만들었다.
(2012년 4월 16일-2013년 4월 15일)

태양은 역시 놀라워!

오, 빛나는 태양! 43

1부 태양계 이야기

달 달
무슨 달

✦ 1972년 아폴로 17호가 달에 착륙했던 지점으로, 평온의 바다 남서쪽이다.

✦ 달의 바다

 지구인들이 두꺼비, 옥토끼, 게 등으로 부르는 달의 얼룩은, 실은 달의 바다야. 달에도 바다가 있냐고? 물론이야. 다만 달에는 표면으로 드러난 물이 없어서 지구의 바다와는 다른 모습으로 보이는 것뿐이야.

 달에 물이 있다고 상상해 봐. 그것도 어마어마하게 많은 양의 물이! 물은 낮은 곳부터 채워지면서 차오르겠지? 그게 바다잖아? 지구의 바다가 바로 그렇게 생겨났거든. 그러니까 지금 당장 지구의 물이 다 사라지면 바다의 바닥이 모두 드러나게 되겠지. 그 모습을 달에서 관찰한다면 지구에도 거대한 얼룩이 보일 거야. 지금 우리가 달에서 어두운 부분을 보는 것처럼. 그럼 달에 사는 사람들은 어떤 모양으로 보인다고 할지 무척 궁금해지네.

 천문학자들은 달에 바다가 생긴 이유가 달의 화산에서 솟아 나온 용암이 커다란 소행성과 충돌해 쑥 들어간 부분을 채웠기 때문이라고 생각하고 있어. 그러니까 용암의 바다였단 소리지.

 30~40억 년 전, 달의 내부는 무척 뜨거웠고, 지금의 지구처럼 화산 폭발이 일어났어. 또 하늘에선 크고 작은 소행성들이 마구 떨어졌는데, 이때 충돌로 땅이 갈라지기도 했어. 그러면 땅의 갈라진 틈으로 용암이 스멀스멀 올라와. 이처럼 오랜 시간 동안 낮은 분지에 용암이 차오르고 굳어서 토끼 모양을 연상시키는 '달의 바다'가 되었다고 해.

 이렇게 굳은 용암의 색이 어두운 이유는 용암에 철 성분이 많기 때문이야. 지구의 바다 밑에서도 화산이 쉬지 않고 터지고 용암이 흘러나와 바다 밑바닥을 만들고 있어. 바다 밑바닥은 색이 아주 어두워.

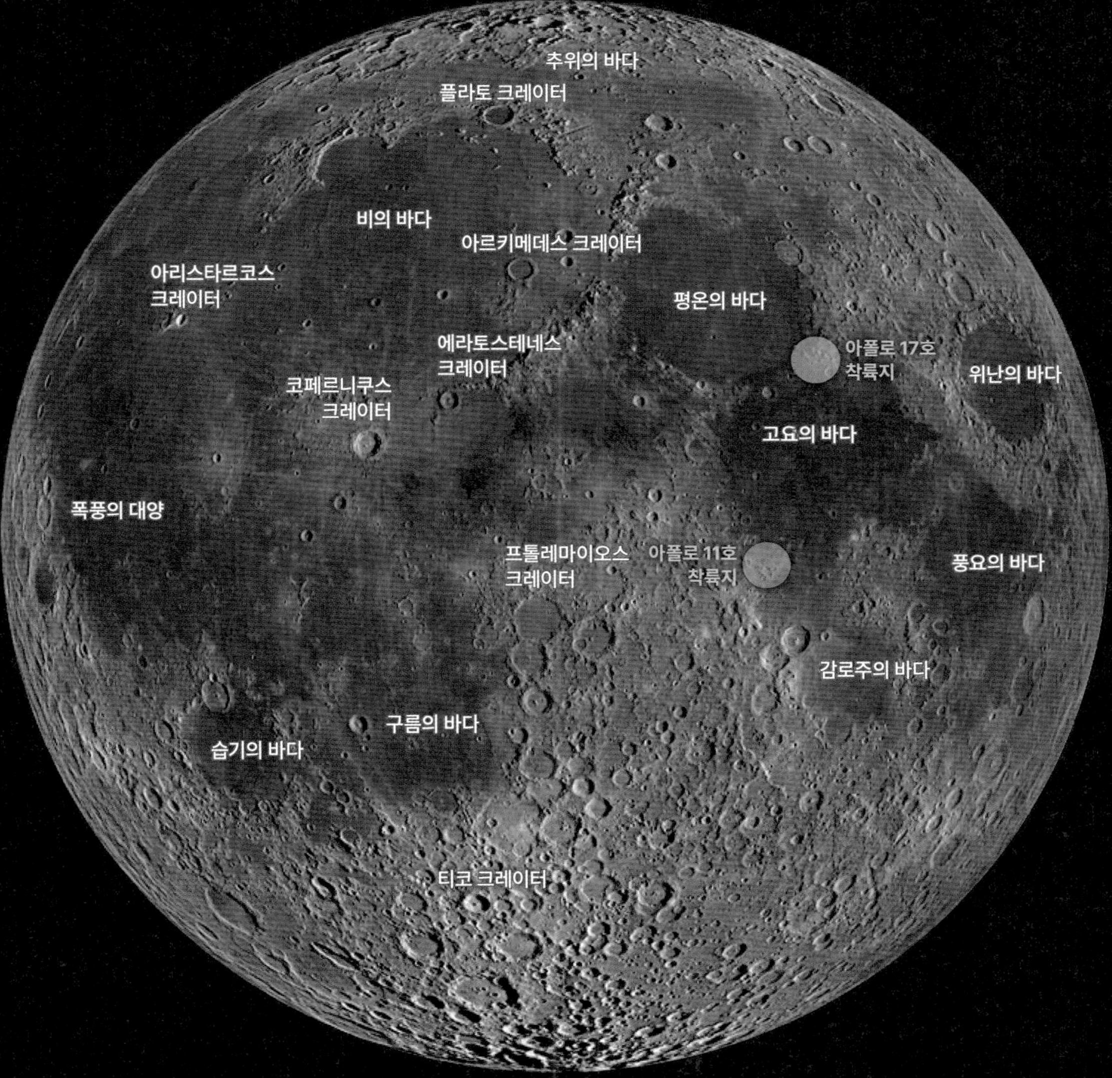

추위의 바다
플라토 크레이터

비의 바다
아르키메데스 크레이터

아리스타르코스
크레이터
평온의 바다

에라토스테네스
크레이터
아폴로 17호
착륙지

코페르니쿠스
크레이터
위난의 바다

고요의 바다

폭풍의 대양

프톨레마이오스
크레이터
아폴로 11호
착륙지
풍요의 바다

감로주의 바다

구름의 바다

습기의 바다

티코 크레이터

✦ 영원한 발자국

달의 지름은 지구 지름의 4분의 1 정도로 작아. 크기가 작다 보니 지구보다 빨리 식어 버려서 이제 더 이상 화산이 터지지 않아. 이런 걸 두고 과학자들은 달에서 지질활동이 멈추었다고 하지. 알기 쉽게 말하면 더 이상 달 표면이 바뀌지 않을 거라는 뜻이야. 그게 그렇게 특별한 일인지 의아해하는 친구들이 있을지도 몰라. 그런데 지구를 잘 생각해 봐. 지구 내부는 아직 식지 않았기 때문에 화산이 터지고, 땅이 움직이고, 지진이 일어나. 대륙이 서로 밀어붙여 새로운 산맥이 생겨나고, 지금 이 순간에도 높아지는 산들이 있어. 지구의 표면은 여전히 변화무쌍하지. 하지만 달은 달라. 이제 큰 변화는 더 이상 일어나지 않아.

그렇다고 변화가 전혀 없는 것은 아니야. 달에서는 '샌드 블래스팅'이라는 현상이 일어나고 있어. 이게 뭔지 지금부터 설명해 줄게. 우주에는 모래처럼 아주 작은 크기의 알갱이들이 떠돌아다녀. 이런 것이 달과 충돌해서 달 표면에 떨어지는 것을 '미세운석'이라고 해. 작은 알갱이들은 지구에도 떨어지지만, 지구에는 대기가 있기 때문에 땅에 닿기도 전에 불에 타서 사라지고 말아. 대신 우리는 멋진 유성을 볼 수 있지. 하지만 달에는 공기가 없기 때문에 불에 타서 사라지지 않고 모래 알갱이가 그대로 달 표면에 떨어져.

미세운석이 달에 수없이 떨어지면 달 표면이 조금씩 깎이면서 부서져. 달 표면에 있던 암석들은 아주 천천히 갈리고 부서져서 입자가 가루처럼 변해. 그래서 달 표면이 녹말가루 같은 고운 가루로 덮이게 되는 거야. 달에 착륙한 우주인들이 한 발 내디딜 때마다 먼지가 일어나는 것을 볼 수 있는데, 그게 바로 이런 이유야.

달에는 공기가 없어서 바람이 불지 않고, 미세운석이 표면을 깎는 일도 아주 느리게 일어나기 때문에, 우주인들이 달 표면에 남겨 놓은 발자국은 수백만 년 이상 사라지지 않고 그대로 남아 있을 거야. 만약 오래도록 사라지지 않는 발자국을 남기고 싶다면 달에 가서 남기는 것이 좋아. 지구상 어느 곳보다 오래 남을 테니까.

✦ 달 표면의 발자국과 타이어 자국

지구에선 아무리 애를 써도 달의 뒷면을 볼 수 없어. 왜냐하면, 달의 자전 주기와 공전 주기가 같아서 달은 항상 같은 면이 지구를 향하고 있기 때문이야.

그렇다고 달의 뒷면을 본 사람이 한 명도 없다는 뜻은 아니야. 미항공우주국 NASA에서는 달에 사람을 보내기 위해 아폴로계획을 세웠는데, 아폴로 8호를 타고 간 우주인 세 명은 달 뒷면을 돌아서 지구로 돌아왔어. 이들은 달에 내리지는 못했지만 달을 한 바퀴 돌면서 뒷면을 본 최초의 지구인이 되었어. 우주인들은 달의 뒷면이 마치 아이들이 놀다 떠난 모래밭 같다고 표현했어. 그리고 사진도 찍었는데, 우리가 늘 보던 달의 앞면과 완전히 다른 모습이어서 너무나 놀랐대. 토끼나 두꺼비를 연상시키는 어두운 부분이 거의 없었고, 표면에 분화구(크레이터)가 고르게 퍼져 있는 모습이 마치 둥그런 쿠키 같았거든. 달의 뒷면에는 용암이 흘러나와 낮은 곳을 채운 뒤 굳어서 생긴 어두운 부분이 전혀 없었어.

그 후에도 몇 사람이 달의 뒷면을 직접 보았어. 인류 역사상 최초로 달에 착륙한 아폴로 11호 우주선과 달에 첫발을 내디딘 닐 암스트롱(1930-2012), 버즈 올드린(1930~)이란 이름을 들어 봤을 거야. 그런데 말이야, 아폴로 11호에 탄 사람은 세 사람이었다는데, 나머지 한 사람은 어디에 있었을까? 또 한 명의 우주인 마이클 콜린스(1930-2021)는 암스트롱과 올드린이 달 표면을 걷는 동안 사령선을 타고 달 궤도를 돌고 있었어. 그 덕에 달 뒷면을 본 사람이 되었지. 콜린스는 왜 달에 착륙하지 않고 궤도를 돌고 있었냐고? 두 사람이 착륙선을 타고 달 표면을 떠날 때 얼른 잡아서 지구로 데려오려고 기다리고 있었던 거지. 착륙선에는 달을 떠나는 데 필요한 연료만 있을 뿐 지구로 돌아오기 위해 쓸 연료는 없었거든.

둥그런 쿠키 같군.

+ 달의 뒷면과 주요 지형

✦ 플라토 크레이터와 달의 알프스 산맥

★ 티코 크레이터

★ 동쪽의 바다

✦ 달에도 물이 있다고?

1972년 아폴로 17호 이후 지구인들은 달에 가지 않았어. 그 대신 달 궤도를 도는 탐사선을 보내 달에 대해 연구했지. 탐사선들이 찍어 보낸 사진에 의하면 달이 어렸을 때는 화산 활동과 지질활동이 활발히 일어났었대. 또 탐사선은 달의 극 근처에서 얼음의 흔적을 발견하기도 했어. 우와, 이건 정말 대단한 일이야. 달에도 물이 있다는 말이잖아.

달에 물이 있을 수 있는 이유는, 지구에 물이 많은 이유와도 비슷해. 바로 혜성 덕분이야. 혜성은 주요 성분이 물이야. 얼음으로 이루어져 있거든. 그래서 태양 가까이 가면 얼음에서 기체로 승화해서 꼬리가 달리지. 지구와 마찬가지로 달에도 혜성들이 많이 충돌했을 거야. 이렇게 달에 떨어진 혜성은 달 표면에 커다란 충돌 구덩이를 만들었고, 충돌로 생긴 열 때문에 잠시 녹았다가 다시 얼어붙어 얼음으로 남게 된 거지.

과학자들은 이런 일이 아주 오래전에 벌어졌을 거라 추측만 할 뿐 증거를 찾지 못하고 있다가, 아주 흥미로운 실험을 통해서 이 사실을 증명해 냈어. 2009년 엘크로스 위성에서 로켓을 달의 남극에 발사했어. 마치 총을 쏘듯이 로켓을 달 표면에 충돌시킨 거야. 로켓이 달의 남극에 충돌하자 달의 토양이 위로 튀어 올랐고, 이때 튀어 오른 물질들을 아주 정밀하게 분석했어. 그랬더니 토양에 물이 섞여 있지 뭐야.

증거는 이것 말고 또 있어. 인도에서 보낸 찬드라얀-1 위성에는 아주 정밀한 전파 센서가 달려 있는데, 달의 북극 근처를 지나갈 때 보니 얼음의 흔적이 있더라는 거야. 더 놀라운 사실은 물의 양이 아주 많다는 점이야. 그러니까 달에 기지를 세운다면 물 걱정은 하지 않아도 된다는 말이지. 큰 걱정 하나를 던 셈이야. 우린 물 없이는 살 수 없으니까!

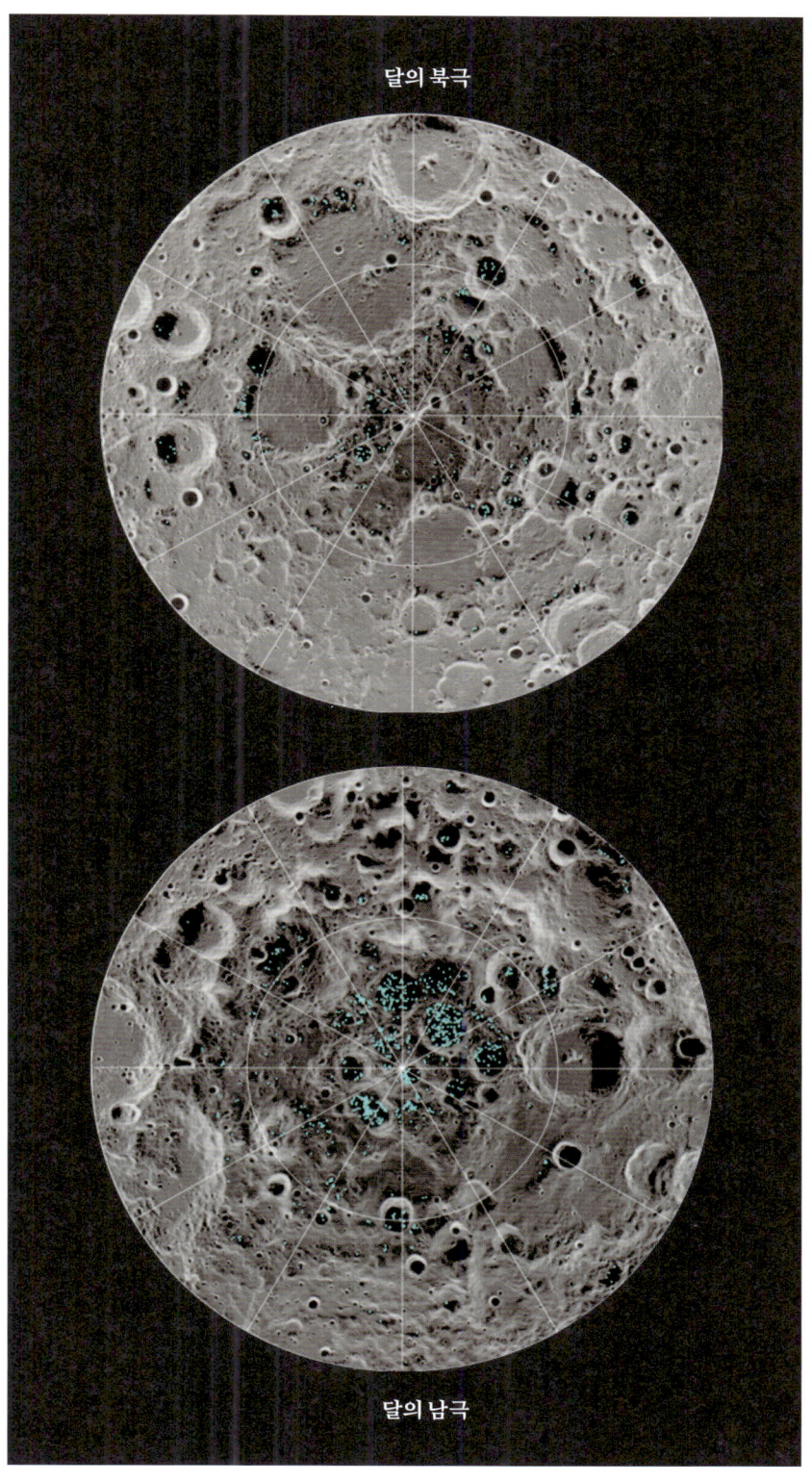

✦ 찬드라얀-1 위성에 실려 있던 달 광물 지도 작성기로 만든 달의 남극과 북극 지도. 파란색 부분이 얼음의 흔적이다.

✦ 밀물과 썰물

우리나라 서해안에 가면 하루에 두 번 밀물과 썰물 현상이 반복해서 일어나. 썰물 때가 되어 바닷물이 빠지면 갯벌에 나가 조개와 낙지를 잡을 수 있어. 이런 일이 일어나는 이유는 바로 달 때문이야. 달의 지름은 지구의 4분의 1 정도로 작지만, 비교적 큰 위성이야. 달의 중력은 지구에 큰 영향을 주지. 밀물과 썰물 현상도 그래서 나타나는 거야.

달의 중력은 달을 바라보는 쪽과 그 반대쪽이 조금 달라. 지구에서 달을 바라보는 쪽의 중력이 조금 더 크고 반대쪽이 3퍼센트 정도 작아. 당연해. 중력의 세기는 거리가 멀어질수록 약해지니까.

그래서 지구의 바닷물은 달을 바라보는 쪽으로 불룩해져. 반면 달의 반대쪽은 앞쪽보다 중력이 약하니까 반대쪽으로 불룩해지지. 바닷물이 양쪽으로 불룩해지는 셈이야. 이런 모습을 유지한 채 지구는 하루에 한 번 자전을 해. 그러니 서해안은 바닷물이 불룩한 때를 두 번, 그 사이 오목한 때를 두 번 지나는 거지. 그래서 밀물과 썰물이 하루에 두 번 반복되는 거야.

물론 여기에 태양의 중력도 생각해야 해. 그러면 조금 더 복잡해지겠지? 아무튼 태양까지 합세하면 밀물 때와 썰물 때 바닷물의 높이 차이가 많이 나는 '만조'와, 차이가 조금 나는 '간조'가 생겨. 아, 머리가 아프려고 하지?

조금만 참아. 하나만 더 이야기할게.

지구의 자전축이 23.5도 기울어져 있다는 사실은 알고 있지? 그런데 이 자전축은 4만여 년을 주기로 22.5도에서 24.5도 사이를 오가. 겨우

1~2도 차이인데도 지구에 다양한 기후변화를 일으키지. 그런데 말이야, 만약 달이 없었다면 자전축은 훨씬 많이 흔들렸을 거야. 화성을 보면 알 수 있어. 화성엔 달이 두 개나 있지만 너무 작아서 화성이 흔들리는 것을 잡아 주지 못해. 그래서 화성의 자전축은 크게 기울어 있어. 그만큼 기후에 엄청난 영향을 미쳐.

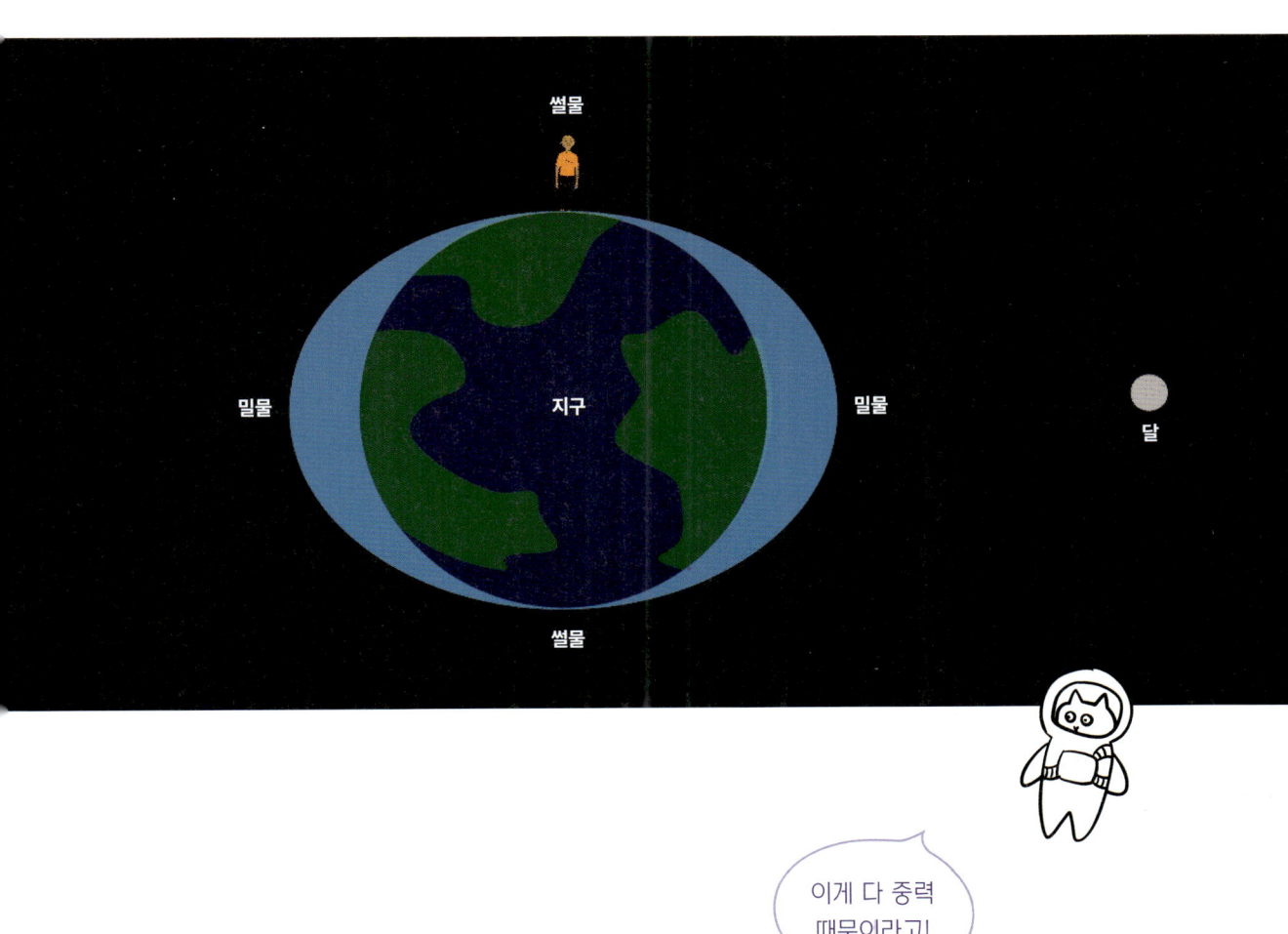

이게 다 중력 때문이라고!

지구는 달 덕분에 많이 흔들리지 않고, 그 덕분에 기후가 비교적 천천히 변하지. 또 그 덕분에 다양한 생물들이 적응해서 살 수 있어. 이 모든

것이 달 덕분이야. 그러니 오늘 하늘에 달이 있다면 인사나 한 번 할까!
 달아, 고마워!

✦ 마젤란 탐사선이 찍은 금성의 모습이다.

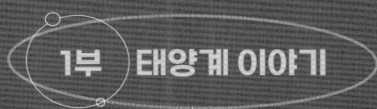

1부 태양계 이야기

뜨거운 온실 행성, 금성: 지구는 금성처럼 될까?

✦ 온실 기체라고, 들어 봤니?

요즘 지구가 더워서 난리야. 좀 더 정확하게 말하면 너무 빨리 더워져서 난리인 거야. 지구 대기의 온도가 빠르게 오르는 이유는 뭘까? 그건 온실 기체의 양이 갑자기 많아졌기 때문이야. 온실 기체란 땅과 바다에서 내뿜는 적외선을 흡수해서 기온을 끌어올리는 기체를 말해. 온실 기체 때문에 기온이 오르는 현상이 지구 온난화야. 가장 유명한 온실 기체가 이산화탄소지. 이 외에도 메탄, 아산화질소, 수소불화탄소, 과불화탄소, 육불화황 같은 것들이 있어. 이름이 참 어렵지?

온실 기체의 양이 얼마나 많기에 사람들이 겁을 낼 정도로 지구의 기온이 쑥쑥 올라가는 걸까? 사실 온실 기체의 양은 얼마 되지 않아. 지구의 대기 구성을 보면 질소 78퍼센트, 산소 21퍼센트, 그밖에 다양한 기체들이 1퍼센트를 차지하고 있어. 아르곤, 수증기 등 수많은 기체들은 고작 1퍼센트에 불과하고, 그중 이산화탄소는 겨우 0.04퍼센트 포함되어 있을 뿐이야.

그렇게 양이 적은데 뭐가 걱정이냐고? 그냥 모두 모아서 없애면 되지 않냐고? 물론 말은 쉽지. 금방 없앨 수 있다면 뭐가 문제겠니? 그럴 수 없으니 큰일이지. 게다가 온실 기체가 없으면 더 큰 문제가 생겨. 만약 지구 대기에 있는 이산화탄소가 모두 사라지면 지구의 평균 기온은 영하 16~18도에 이르러서 우리 모두 얼어 죽고 말 거야. 그러니까 온실 기체가 지구를 따뜻하게 해 주어야 우리가 살 수 있는 거지. 뭐든지 적당히 있어야 좋은 거야. 너무 덥지도 춥지도 않을 만큼 적당히!

칠레 남부에 있는 비야리카 화산 사진이야. 2018년과 2022년에 찍은 사진을 비교해 보니, 눈이 너무 많이 녹았지? 지구 온난화 때문이야.

지금처럼 빠른 속도로 이산화탄소의 양이 늘어난다면 지구는 너무 뜨거워져서 생물이 모두 죽을 수도 있어. 에이, 거짓말 말라고? 아니야. 그런 일은 실제로 일어날 수 있어. 그런 행성이 아주 가까이 있어. 이산화탄소가 대기의 96퍼센트를 차지해서 납을 녹일 정도로 뜨겁고, 어떤 생물도 살 수 없는 행성이 정말 가까이에 있다고. 바로 금성이야!

✦ 금성의 대기 온도를 추측해 보자

금성을 맨눈으로 본 적이 있니? 없다고? 그럼 한 번 찾아보자. 아주 쉬워. 금성은 지구보다 태양 가까이에서 공전을 해. 이런 행성을 '내행성'이라고 하는데, 내행성은 지구에서 볼 때 늘 태양 근처에 있어. 그래서 해뜨기 직전 새벽이나 해가 진 직후 저녁에만 잠깐 보이지.

✦ 2019년 1월 31일 미국 솔트레이크시티에서 찍은 밤하늘

목성

    금성은 아주 밝은 황금빛으로 보여서 샛별이라고 부르기도 해. 그 빛이 너무 아름다워서 미의 여신의 이름을 따서 비너스라고 부르기도 하지. 그런데 말이야, 금성이 이렇게 밝게 보이는 이유는 금성의 대기에 황이 섞여 있기 때문이야. 황이 포함된 금성의 대기는 거울처럼 빛을 잘 반사해. 햇빛의 80퍼센트를 반사해서 아주 밝은 노란색으로 보이는 거야.

자, 그럼 금성 표면의 대기 온도는 어느 정도일지 추측해 보자. 금성의 대기가 햇빛을 많이 반사하니까 금성 표면까지 도달하는 햇빛의 양은 적을 거야. 또 금성의 대기는 표면이 보이지 않을 정도로 짙어. 그 정도로 대기가 불투명하면 햇빛이 땅에 닿지 않을 것이 분명해. 이 두 가지 사실을 종합해 보면 금성에선 햇빛을 보기 어렵고 햇빛이 바닥에 닿지 않으니 금성은 매우 추울 것이라는 결론을 얻을 수 있어. 예전엔 과학자들도 이렇게 추측했지.

그런데 실상은 달랐어. 1982년 베네라 13호가 금성의 대기 속으로 날아갔는데, 금성은 정말 무시무시한 곳이었지 뭐야. 대기의 기온은 무려 460도에 이르고, 밀도 또한 이루 말할 수 없이 높았어. 금성의 표면에 서 있으면 지구보다 90배나 많은 공기가 내리누르는 압력 때문에 모두 납작하게 눌리고 말 정도야. 이렇게 압력이 세니 아무리 잘 만든 탐사선이라도 오래 버틸 수 없지 않겠어? 베네라 13호는 금성 대기에 들어간 지 2시간 7분 만에 통신이 끊기고 말았어. 높은 대기압 때문에 탐사선이 완전히 찌그러진 거지. 금성이 이렇게 무시무시한 곳이야.

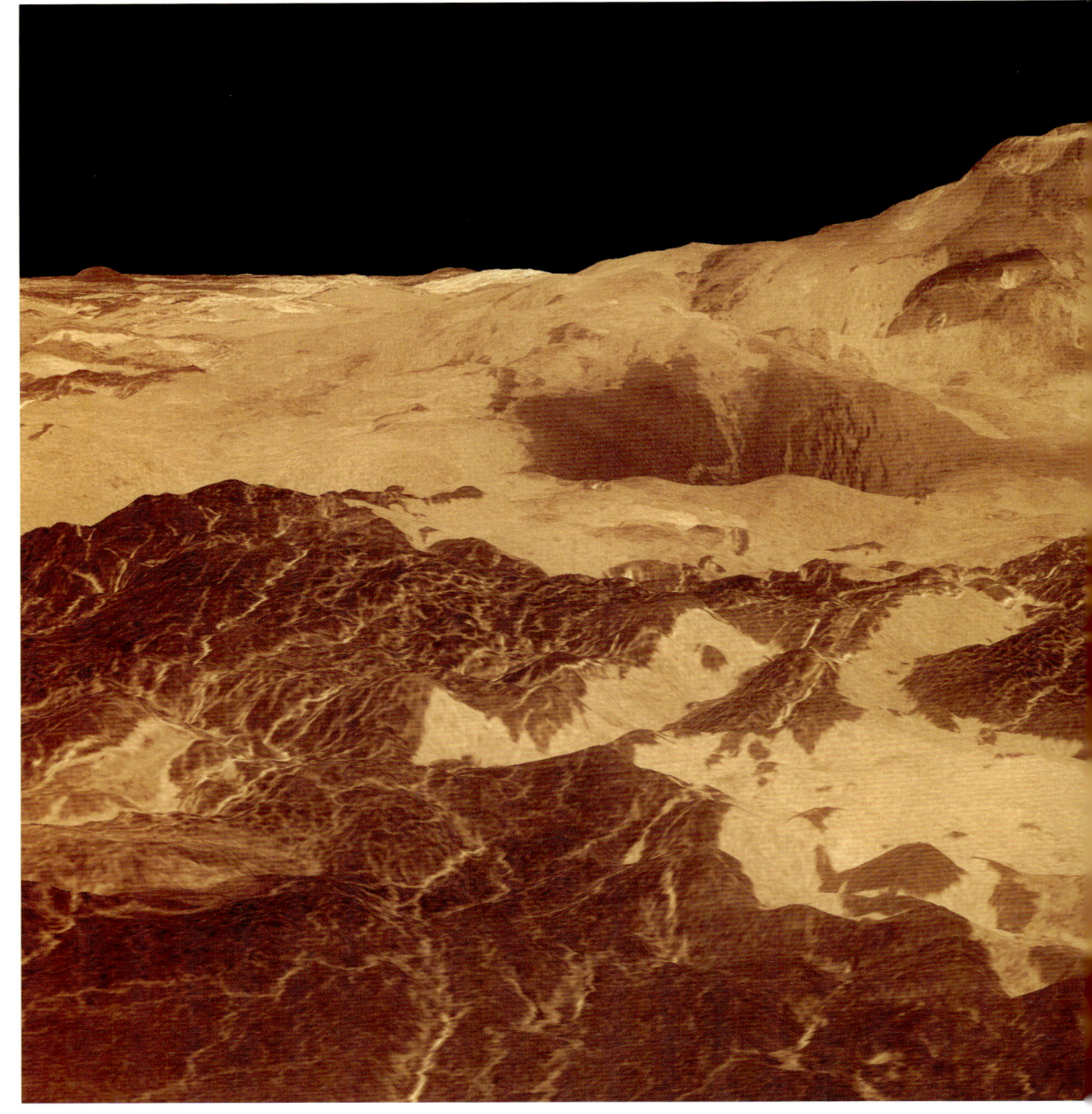

 금성의 대기가 이렇게 뜨거운 이유는 뭘까? 바로 대기의 96퍼센트를 차지하는 이산화탄소 때문이라는 말씀! 세상에나, 금성의 대기에는 지구보다 20만 배나 많은 이산화탄소가 있어. 온실 기체인 이산화탄소의 양이 이렇게 많으니 대기의 온도가 460도인 것은 어찌 보면 당연한 일이야.

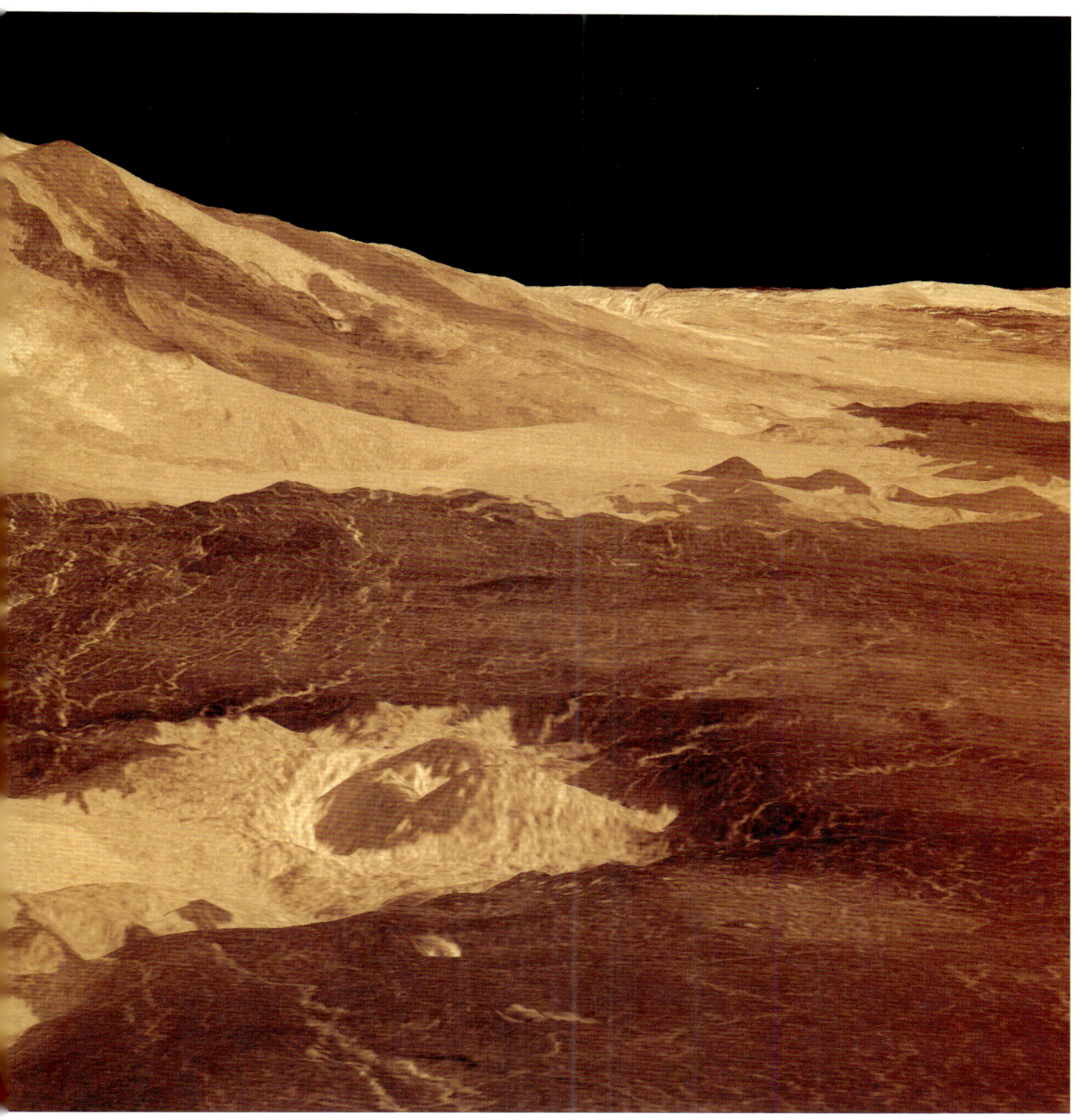

설마 지구에 그런 일이 생기겠느냐고? 지구의 대기엔 그만한 이산화탄소가 있을 수 없다고? 모르는 말씀. 지구의 대기에 온실 기체가 지금과 같은 속도로 늘어나면 금성처럼 변할 수도 있어. 그 이야기를 더 자세히 해 줄게.

✦ 그 많던 수증기는 모두 어디로 갔을까?

원래 금성과 지구가 가지고 있던 이산화탄소의 총량은 비슷했어. 46억 년이 지난 지금, 지구에선 이산화탄소가 대부분 암석 속에 봉인되었지만 금성은 대기 중에 그대로 남아 있어. 이건 참 이상한 일이야.

금성에 있던 그 많은 수증기는 다 어디로 간 걸까? 수증기가 비가 되어 내려 바다가 생겼다면 바다에 이산화탄소가 녹아들어 지구처럼 되었을 텐데, 왜 지금은 그렇지 않은 걸까?

먼저 한 가지 상상을 해 보자. 지구를 들어서 금성 자리로 옮겨 보는 거야. 태양에 훨씬 가깝게 가는 거지. 지구는 태양에서 1억 5,000만 킬로미터, 금성은 1억 600만 킬로미터 정도 떨어져 있어. 태양과 지구 사이의 거리를 3등분해서 태양 쪽으로 한 칸 옮기면 지구와 금성의 위치가 얼추 비슷해져.

지구가 금성의 위치에 가면 태양빛을 훨씬 세게 받기 때문에 지구의 평균 기온은 15도에서 45도로 올라가. 태양에 조금 더 가까이 갔을 뿐인데 기온이 30도나 더 오르는 거야. 기온이 이렇게 오르면 바다의 증발량이 훨씬 많아져. 대기의 기온이 오르면 품을 수 있는 수증기의 양도 많아져서 온 지구는 무덥고 습한 공기로 둘러싸이지.

수증기 역시 이산화탄소와 같은 온실 기체이기 때문에 기온은 더 올라가서 50도를 훌쩍 뛰어넘어. 그럼 바닷물은 더 많이 증발하고, 온도가 높은 만큼 대기는 수증기를 더 많이 품게 되잖아. 당연히 온실 효과는 더 커져. 기온은 또 올라가겠지. 이렇게 악순환이 계속되는 상황을 '온실 효과 폭주'라고 해. 폭주 상태에 이르면 기온은 걷잡을 수 없이 올라가.

지구와 금성은 크기가 비슷해!

✦ 온실효과 폭주의 결과는?

일단 온실효과 폭주가 시작되면 누구도 막을 수 없어. 바닷물이 다 증발해서 땅은 바싹 마르지만, 대기는 뜨거운 수증기로 가득 찬 이상한 상태가 되지. 이게 끝이 아니야. 바다 밑에 가라앉아 있던 탄산염암(이산화탄소가 봉인되어 있는 암석)들이 드러나 분해되면서 이산화탄소가 대기 중으로 풀려 나와. 게임이나 소설에 나오는 것처럼 봉인해제 되는 셈이지. 이 일은 탄산염암이 모두 분해될 때까지 계속 이어져. 이제 끝이냐고? 아니야. 아직 끝나지 않았어.

태양에서 오는 강한 자외선을 받아 수증기는 산소와 수소로 분리돼. 태양빛이 더 강렬해졌으니 자외선의 강도도 훨씬 세질 거야. 그중 가벼운 수소는 우주로 날아가 버리고 산소는 어딘가를 떠돌다 다른 원소와 결합해. 이게 무슨 말일까? 지구에서 물이 사라진다는 뜻이야.

지구를 살짝 들어서 금성의 위치에 가져다 놓으니 물이 사라지고 이산화탄소로 가득 찬 금성이 되어 버렸어. 금성은 이런 일을 오래전에 겪었던 거지. 지구의 쌍둥이였던 금성이 왜 이리도 다른 모습이 되었는지 이제 이해가 가지?

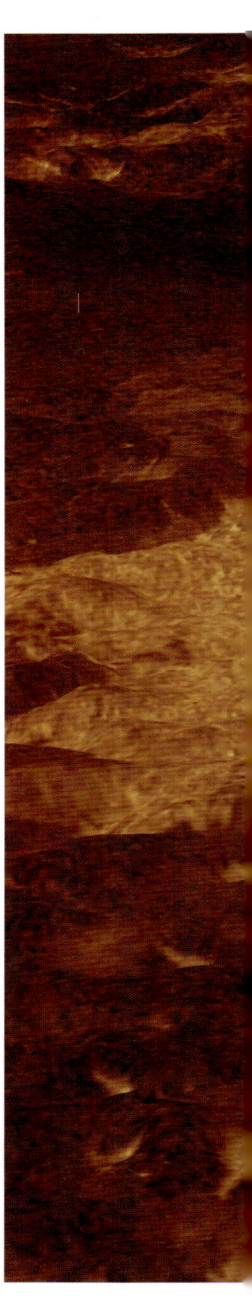

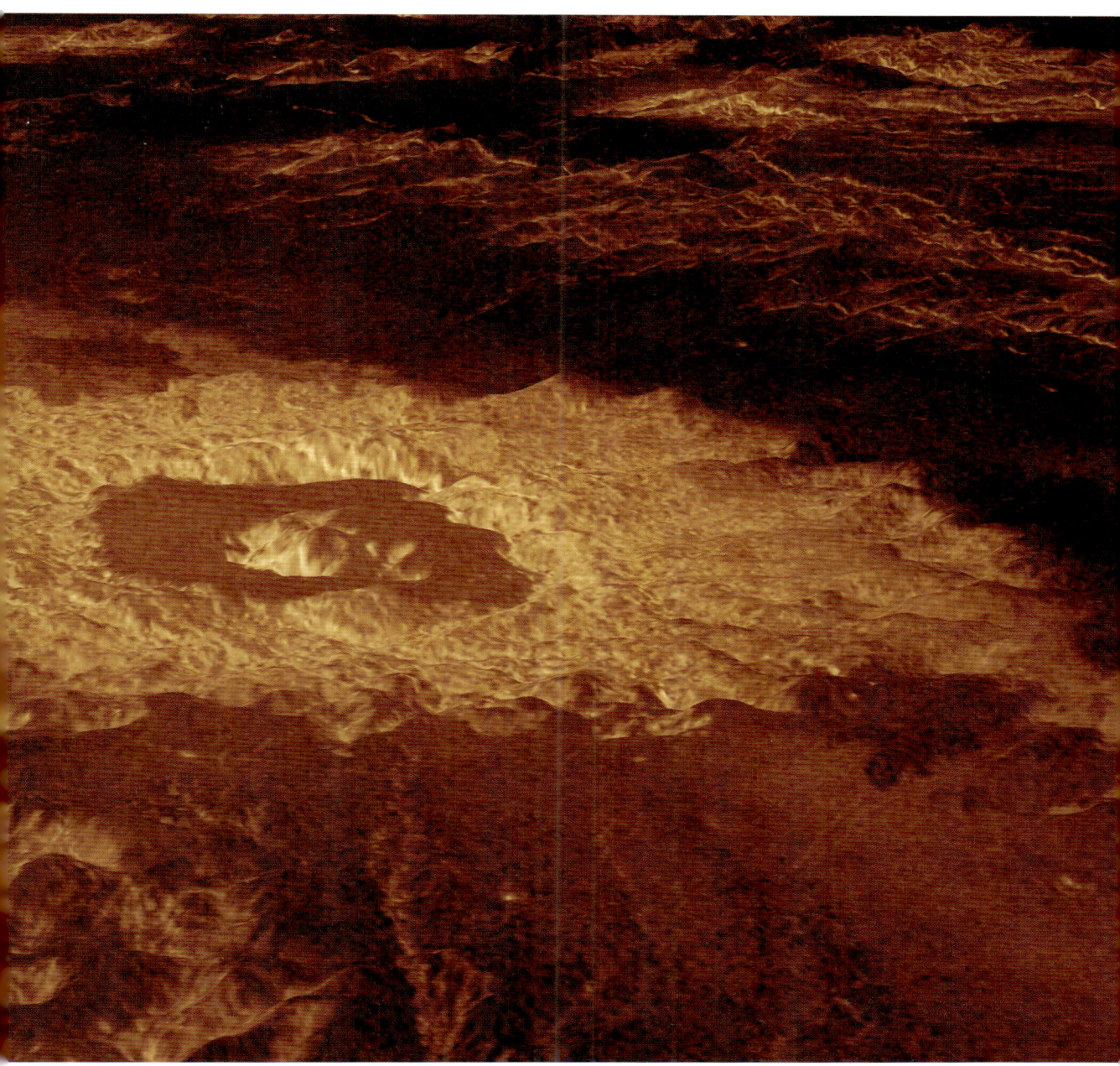

✦ 금성의 크레이터

✦ 카시니 - 하위헌스호가 토성에 다가가고 있다.

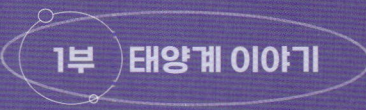
1부 태양계 이야기

우리는 왜 외계생명체를 찾을까?

✦ 거신족의 위성 타이탄

　그리스 신화에 나오는 신의 이름 하나만 말해 볼래? 아, 신의 왕 제우스! 그럴 줄 알았어. 제우스의 아내인 헤라와 바다의 신 포세이돈도 안다고? 우와, 많이 알고 있구나. 그런데 제우스의 부모가 누구인지 생각해 본 적 있니? 신도 부모가 있냐고? 당연히 있지. 신화는 말이야, 사람들이 만들어 낸 거야. 그래서 신의 삶은 인간과 비슷해. 신은 인간의 거울인 셈이지.

　제우스의 부모는 거신족 레아와 크로노스야. 거신족이란 거대한 몸집을 가진 신이라는 뜻이야. 레아와 크로노스는 제우스 말고도 헤라, 하데스, 포세이돈, 데메테르 등 유명한 그리스 신들을 자식으로 두었지. 많이 들어 본 그리스 신들이 실은 모두 형제자매라는 것이 신기하지? 거신족은 제우스의 부모인 레아와 크로노스 말고도 10명이 더 있어. 여신으로는 테티스, 테이아, 포이베, 므네모시네, 테미스가 있고, 남신으로는 오케아노스, 히페리온, 코이오스, 크리오스, 이아페토스가 있어. 이들을 타이탄이라고 해. 그러니까 타이탄은 거신족을 부르는 말이야. 제우스의 부모, 삼촌과 고모들이 바로 타이탄이지.

　그리스 신화를 잘 모르더라도 우주에 관심이 많은 사람이라면 타이탄족 신들의 이름을 여러 번 들어 보았을 거야. 이들은 토성의 위성 이름으로 정해져 있기 때문에 천문학 공부를 하다 보면 꼭 나오거든. 어쩌다 토성의 위성들은 타이탄족의 이름을 얻게 되었을까?

✦ 토성과 타이탄

✦ 토성의 위성들

칼립소   판도라   메토네   히페리온   미마스   레아

이아페투스

타이탄

엔셀라두스

헬레네   에피메테우스   프로메테우스   야누스   디오네   테티스

각 위성의 크기 비율은 실제와 다르다.

이게 다가 아니야. 2023년까지 발견된 토성의 위성은 145개란다. 더 발견될 수도 있지!

갈릴레오가 목성의 위성을 발견한 지 45년이 지난 어느 날, 독일의 수학자이자 물리학자이며 천문학자였던 크리스티안 하위헌스(1629~1695)가 토성의 위성을 하나 발견했어. 시간이 좀 흘러 영국의 천문학자 윌리엄 허셜(1738~1822)도 토성의 위성을 2개 더 발견했지. 위성이 하나둘 늘어나니 이름이 필요했어. 전 세계 천문학자들이 공통으로 부르는 이름이 있어야 연구할 때 편하거든. 같은 천체를 보고 다른 이름으로 부른다면 혼란이 생기니까.

윌리엄 허셜의 아들인 존 허셜(1792~1871)은 토성의 위성에 타이탄족의 이름을 붙이자고 제안했어. 그때만 하더라도 토성의 위성이 수십 개나 더 발견될 줄은 몰랐기 때문에 그런 제안을 했을 거야. 타이탄족은 1세대 12명과 몇몇 후손을 다 합해도 20여 명에 불과해. 토성의 위성 수가 더 많은데 그때는 몰랐던 거지. 아무튼 이름을 붙이려고 보니 하위헌스가 발견한 위성이 다른 위성보다 월등히 컸어. 그래서 그냥 종족의 이름인 타이탄이라 부르기로 한 거야.

오늘날 타이탄은 우주생물학 연구에 아주 중요한 위성이야. 우주생물학이란 우주에 살고 있는 생물을 연구하는 학문이야. 사람들이 외계생물체라고 부르는 바로 그거 말이야. 다만 외계생물을 본 사람이 아직 한 명도 없다는 것이 함정! 그래서 우주생물학자들은 지구와 가장 비슷한 행성이나 위성을 집중적으로 연구해. 우주는 아주 넓고 어마어마하게 많은 천체가 있기 때문에 무턱대고 찾을 수는 없어. 생물을 찾을 가능성이 큰 천체를 먼저 살펴봐야 해. 지구가 가장 좋은 모델이야. 그래서 지구와 비슷한 천체를 찾는 거야.

✦ 타이탄에 대기가 있어!

20세기 초까지 타이탄에 대해선 알려진 것이 거의 없었어. 토성의 가장 큰 위성이라는 것 외에는 말이야. 그러다 카탈루냐의 천문학자 호세프 코마스 이 솔라(1868~1937)가 아주 특이한 사실을 하나 알아냈어. 타이탄 주변이 다른 부분보다 어둡게 보이는 '주연감광' 현상을 발견한 거야. 망원경으로 위성이나 행성을 보면 둥근 원반 모양인데, 만약 천체에 대기가 있으면 원반 가장자리가 좀 어둡게 보여. 이 현상을 주연감광이라고 해. 그러니까 타이탄에 대기가 있다는 뜻이지. 행성인 수성과 지구의 위성인 달에도 없는 대기를 타이탄이 가지고 있었던 거야.

1940년대 초반에는 제라드 카이퍼(1905~1973)가 타이탄의 대기에 대해 또 다른 놀라운 점을 발견했어. 카이퍼는 텍사스주 맥도날드 천문대에 설치된 2미터급 망원경에 분광기를 달아 타이탄을 관측했어. 그랬더니 타이탄에서 메테인 기체의 흔적이 보이지 뭐야?

✦ 호세프 코마스 이 솔라(왼쪽)와 제라드 카이퍼(오른쪽)

✦ 타이탄과 타이탄의 대기

메테인은 탄소와 수소로 이루어진 온실 기체로 오늘날 기후변화의 주범 중 하나로 지목되지. 당시엔 이런 사실을 몰랐지만, 중요한 점은 타이탄에 대기가 확실히 있다는 거지!

 천문학자들은 타이탄에 대기가 있다는 사실에 몹시 흥분했어. 위성에 대기가 존재한다는 게 그렇게 대단한 일이냐고? 우리가 어떤 환경에서 살아가고 있는지 잘 봐. 지상 생물은 대기 속에서 호흡을 통해 신진대사에 필요한 물질을 흡수해. 그래서 대기를 가진 타이탄이 매력적인 거야. 어쩌면 타이탄에 생명체가 있을지도 모르니까.

✦ 생명을 위한 기본 조건 세 가지

　말이 나온 김에 생명의 기본 구성 요소 세 가지를 살펴볼까? 이건 지구상에 사는 다양한 형태의 생명을 분석해서 알아낸 거야. 우리는 지구에 살고, 지구 밖 생물을 본 적이 없어. 그러니 먼저 우리가 가장 잘 알고 있는 생명체의 특징을 정리하는 것이 중요해. 그것이 바로 과학연구의 첫걸음이야. 자, 그럼 생명을 위한 기본 구성 요소 세 가지를 이야기해 줄게.

　첫째, 행성이나 위성에 살아 있는 세포를 만드는 필수 영양소가 있어야 해. 탄소, 수소, 질소, 인 등 수많은 종류의 원자와 분자 같은 것 말이야.

　둘째, 생명 활동을 유지하는 데 필요한 에너지가 있어야 해. 이 에너지는 태양으로부터 받거나 지구 열에너지에서 얻거나 화학반응으로 얻을 수 있지.

　셋째, 액체 상태의 물이 있어야 해.

　이 세 가지 조건을 가만히 들여다봐. 지구를 벗어난 우주에서 가장 얻기 힘든 것은 무엇일까?

　영양소와 에너지는 거의 문제가 없을 거야. 탄소, 수소, 질소, 인과 같은 필수 원자는 혜성이나 운석에도 있을 만큼 흔해. 또 모든 행성과 위성은 별로부터 에너지를 얻으니까 큰 걱정 없겠지.

　물론 별에서 멀어지면 에너지를 얻기 쉽지 않겠지만 행성계에는 생명을 유지할 적당한 에너지 조건을 지닌 행성이나 위성이 한두 개쯤 존재할 수 있어. 이처럼 별로부터 너무 멀지도 가깝지도 않은 구역을 '골디락스 존'이라고 해.

별과 너무 가까우면 뜨거워서 생명체를 이룰 분자들이 생기기 힘들고 너무 멀면 온도가 낮아서 액체가 모두 얼어붙으니 생명체가 생길 확률이 아주 낮아. 골디락스 존에 있는 행성이라면 생명이 탄생하고 살아가는 데 적합한 환경을 유지할 수 있지.

그에 반해 액체 상태의 물이나 다른 물질이 존재하기란 그리 쉬운 일이 아니야. 온도가 너무 낮으면 얼어서 고체가 되고, 액체가 있더라도 대기가 있어서 눌러 주어야 증발하지 않아. 기압이 낮으면 증발해 버리고 마니까. 그러니까 대기가 있어야 한다는 뜻이야. 표면이 얼어서 액체가 증발하지 못하는 환경도 괜찮아.

그래서 타이탄에서 대기의 흔적이 발견되었을 때, 천문학자들은 너무나 기뻤어. 생명 구성을 위한 기본 요소가 다 갖추어진 셈이니까. 과학자들은 타이탄에 대해 더 자세히 알아보기 위해 작전을 세웠어. 우주로 가는 탐사선에게 사진을 찍으라는 임무를 준 거야. 탐사선들이 일을 잘 했을까?

지구가 있는 위치가 '골디락스 존'이야. 태양으로부터 너무 멀지도 가깝지도 않은 구역이지!

✦ 탐사선들의 활약

타이탄에 최초로 가까이 간 탐사선은 파이어니어 11호로, 1979년 9월 타이탄에서 36만 3,000킬로미터 떨어진 지점을 지나갔어. 지구와 달 사이가 38만 킬로미터니까 어느 정도인지 가늠할 수 있겠지? 지구인에게 이 정도는 정말 먼 거리지만, 태양계의 크기를 생각하면 그래도 가까운 편이긴 해. 하지만 당시엔 관측 장비가 좋지 않아 타이탄에 대해 알아낸 것이 별로 없었어. 천문학자들 외에는 관심도 없었지.

파이어니어 11호가 찍은 토성의 모습이야! 저기 토성 아래 타이탄도 보인다고!

★ 파이어니어호

우리는 왜 외계 생명체를 찾을까?

그러다 1980년 11월, 보이저 1호 탐사선이 타이탄에 4,394킬로미터까지 접근해서 찍은 사진 덕분에 과학자들은 타이탄에 대해 많은 것을 알게 되었어. 사진들 중 가장 인상적인 것은 타이탄을 얇게 둘러싼 파란 대기층이야.

✦ 보이저 1호가 촬영한 타이탄 대기

보이저는 분광기로 대기의 성분을 알 수 있는 스펙트럼 사진도 찍었어. 분석에 따르면 타이탄 대기의 주요 성분은 지구처럼 질소이고, 그 외에 메테인, 에테인, 프로페인 등 다양한 유기 분자가 존재해. 행성과학자들은 이렇게 다양한 화합물이 존재한다는 사실에 놀랐어. 실제로 타이탄의 대기에서는 지구의 대기처럼 다양한 화학반응이 이루어지고 있다는 증거니까. 생명이 존재하기 위해 필요한 유기화합물이 아주 풍부한 셈이지.

✦ 보이저호

안녕,
보이저호!

우리는 왜 외계 생명체를 찾을까?

✦ 카시니-하위헌스의 활약

보이저 1호의 활약으로 자신감을 얻은 천문학자들은 또 다른 탐사선을 토성으로 보내는 계획을 세웠어. 이번에는 토성과 토성의 위성만을 관측할 목적으로 탐사선을 만들었지. 특히 타이탄의 유기분자들이 어떻게 생겨났는지 알려 줄 단서를 찾고 싶었어. 만약 연구에 성공한다면, 지구에서 생명이 어떻게 생겨났는지 알아낼 수도 있을 거야. 이런 목적으로 만든 탐사 프로젝트가 '카시니-하위헌스'야.

카시니(1625-1712)는 이탈리아 천문학자로, 파리 천문대장을 지낸 4명의 천문학자 중 한 사람이야. 카시니는 토성의 위성 가운데 이야페투스, 레아, 디오네, 테티스를 발견했고, 1675년에 토성의 테 사이에 틈이 있다는 사실도 알아냈어. 그 틈에는 '카시니의 틈'이라는 이름이 붙었지. 이 정도면 토성 탐사 프로젝트에 이름이 들어갈 만하지?

하위헌스(1629-1695)는 직접 만든 망원경으로 타이탄을 발견했어. 망원경의 성능이 좋아서 토성 고리의 몇몇 특성도 알아냈지. 하위헌스의 망원경은 빛의 성질을 연구하는 데도 선구적 역할을 해. 빛의 파동성을 바탕으로 하위헌스의 원리를 알아내기도 했지. 그러니 타이탄에 착륙할 탐사정에 그의 이름을 붙이는 것은 당연해.

카시니-하위헌스 프로젝트는 유럽우주국과 NASA, 이탈리아우주국이 함께 꾸려 나갔어. 토성 주위에 카시니 탐사선을 띄우고 타이탄 표면에는 하위헌스 탐사정을 착륙시키면서 다섯 가지 임무를 수행할 예정이었지. 구체적으로 토성 관찰, 토성의 자기장 측정, 토성의 고리 체계 연구, 타이탄과 엔셀라두스, 유로파와 같은 얼음형 위성들을 관찰하는 거지. 1997년 발사된 카시니-하위헌스는 7년 동안 항해한 끝에 2004년 토성 궤도에 안착했고, 2005년에는 하위헌스가 분리되어 타이탄에 무사히 내려앉았어.

카시니-하위헌스호가 분리되는 모습을 그린 상상도야! 카시니는 토성 둘레를 돌며 토성과 위성을 관측하고, 하위헌스는 타이탄에 착륙하지!

하위헌스는 타이탄 대기의 구성 성분비와 주요 동위원소비를 측정하고, 미량기체와 에어로졸(공기 중에 떠도는 미세한 고체나 액체 입자)의 수직 수평 구조를 관측했으며, 기상 현상과 계절 변화, 번개 방전 현상, 내부 구조를 추측하기 위해 자료를 수집하고, 토성 자기장과의 관계 등을 조사했어. 이렇게 자료를 수집하기 위해 에어로졸을 모으고 열분해하는 기기, 하강하며 영상을 찍어 분석하는 분광기, 도플러 풍향기 등을 실어서, 무게가 300킬로그램이 넘는 커다란 실험실과 같았지.

하위헌스는 과학자들이 시킨 임무를 하나하나 수행하면서 지금도 타이탄에 머물고 있어. 반면 카시니는 세상에 존재하지 않아. 토성의 궤도를 돌며 기회가 올 때마다 타이탄에 접근해 다양한 정보를 얻어 지구로 송신하던 카시니는 더 이상 일을 할 수 없게 되자 2017년 9월 토성의 대기 속으로 뛰어들어 임무를 마쳤어. 카시니가 임무를 마치던 날, NASA는 카시니의 마지막 순간을 방송했어. 물론 사람들은 카시니가 카메라로 찍어 보낸 영상만 볼 수 있었지. 거울이 없으면 스스로의 모습을 볼 수 없듯이 카시니의 모습도 볼 수 없어. 저 먼 우주에는 카시니를 찍어 줄 존재가 없으니까. 신호가 끊기자 과학자들은 그동안 애쓴 궤도 탐사선에게 작별 인사를 했어. 과학자들은 카시니를 기계가 아닌 동료로 생각하는 것 같았어.

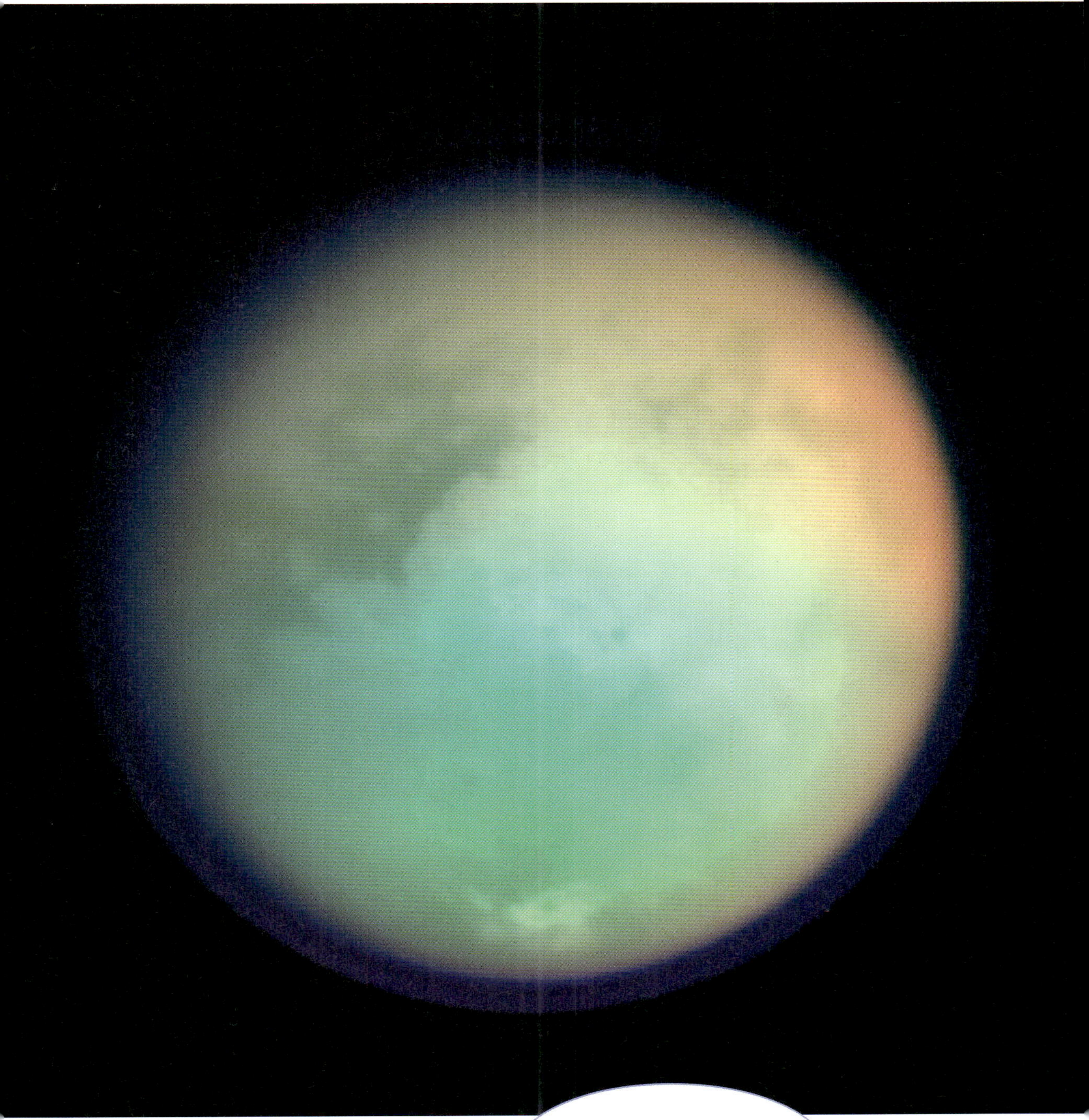

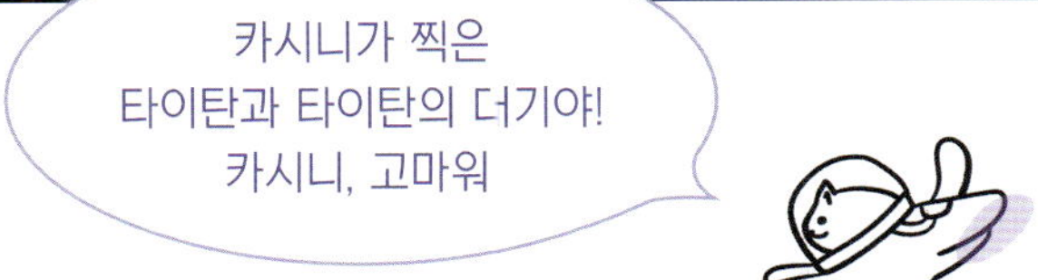

카시니가 찍은
타이탄과 타이탄의 더기야!
카시니, 고마워

✦ 타이탄에 호수와 바다가?

하위헌스는 타이탄으로 내려오면서 여러 장의 사진을 찍어 지구로 보냈어. 사진을 통해 강의 흔적이 확실해 보이는 여러 지형을 확인할 수 있었지. 카시니는 타이탄 상공을 100회 이상 오가며 위성의 표면을 정밀하게 찍었어. 그랬더니 북극 주변에 매끈한 표면을 가진 무언가가 셀 수 없이 많이 있는 걸 확인할 수 있었어.

이걸 두고 과학자들 사이에선 호수일 수도 있고 아닐 수도 있다며 설전이 벌어졌어. 원래 액체가 있던 호수가 증발하면 평탄한 바닥이 드러나는데, 멀리서 보면 호수처럼 보일 수도 있다는 거였지. 하지만 2009년 NASA가 찍은 사진 한 장으로 설전은 끝났어. 이 사진에는 태양빛이 거울에 반사된 듯, 타이탄의 한구석에서 빛이 나고 있었어. 5마이크로미터 파장의 빛이었지. 액체 표면이 아니면 이처럼 반사되어 빛나지 않아. 그래서 과학자들은 타이탄의 표면에 액체로 된 호수가 있는 것이 분명하다는 결론을 내렸지.

다만, 이 액체는 물이 아니라 메테인이었어. 지구 생명의 시초를 생각해 보면 메테인으로 이루어진 호수에서도 생명이 생겨날 수 있어. 오늘날 과학자들은 해저 화산 근처에 있는 열수분출공(뜨거운 물과 가스가 지하에서 솟아나는 굴뚝형 구멍)에서 최초의 생명이 시작됐을 가능성을 연구하고 있어. 수온이 400도에 이르고 산소도 없는 열수분출공에 사는 생물은 우리와 다른 방식으로 호흡을 해. 외계에서 왔다고 해도 하나도 이상하지 않을 생물들이야. 이렇게 극한 상황에서 사는 생물도 있으니 메테인에서 생명이 생기지 말라는 법은 없어. 어디라도 생명이 생겨날 확률은 0이 아니야.

타이탄의 바다, 크라켄 마레가 태양빛을 반사하고 있어!

태양계의 위성들 중에는 대기가 있거나 화산 활동의 흔적이 남아 있는 등 지구와 닮은 위성들이 있어. 또 생명에게 꼭 필요한 액체가 있는 곳도 있어. 목성의 위성인 유로파는 꽁꽁 얼어붙은 표면 아래 액체로 이루어진 바다가 있는 것 같고, 타이탄에도 호수가 있는 것이 분명해. 액체가 있다면 단순한 형태의 생물이 존재할 수도 있어.

지구상에는 산소가 없는 곳, 강한 산성을 띤 곳, 엄청나게 추운 곳, 강한

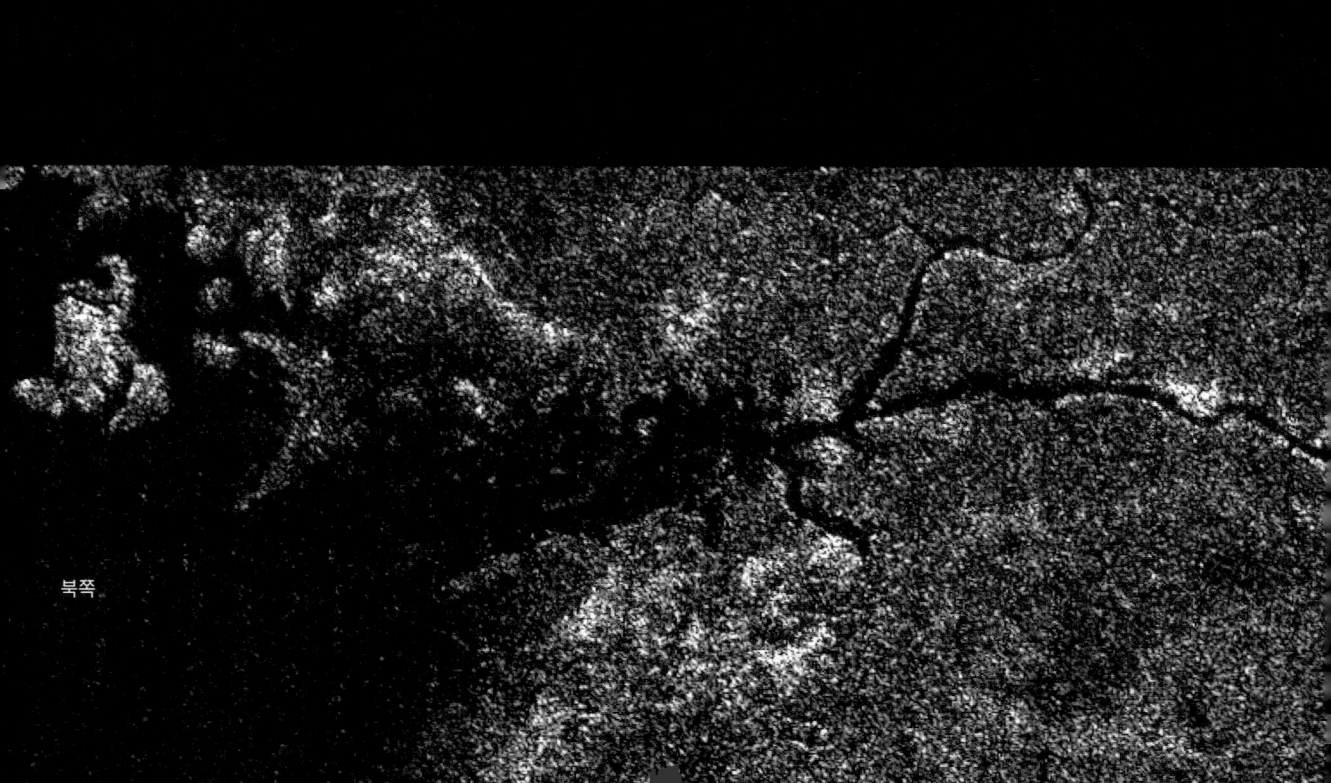

북쪽

방사능에 노출된 곳에서 살아가는 미생물들이 있어. 인간은 상상도 할 수 없는 극한 상황에서 생명을 유지하는 놀라운 생명체야. 진공에서 살아남는 것도 있어. 그러니 어쩌면 타이탄에도 생명이 있지 않을까?

우리가 태양계의 위성에서 생명을 찾으려는 이유는 뭘까? 아마 이 광활한 우주에서 친구를 찾으려는 것인지도 몰라. 아주 작은 미생물이라도 말이야. 이 넓은 우주에 우리만 있다면 너무 외로우니까.

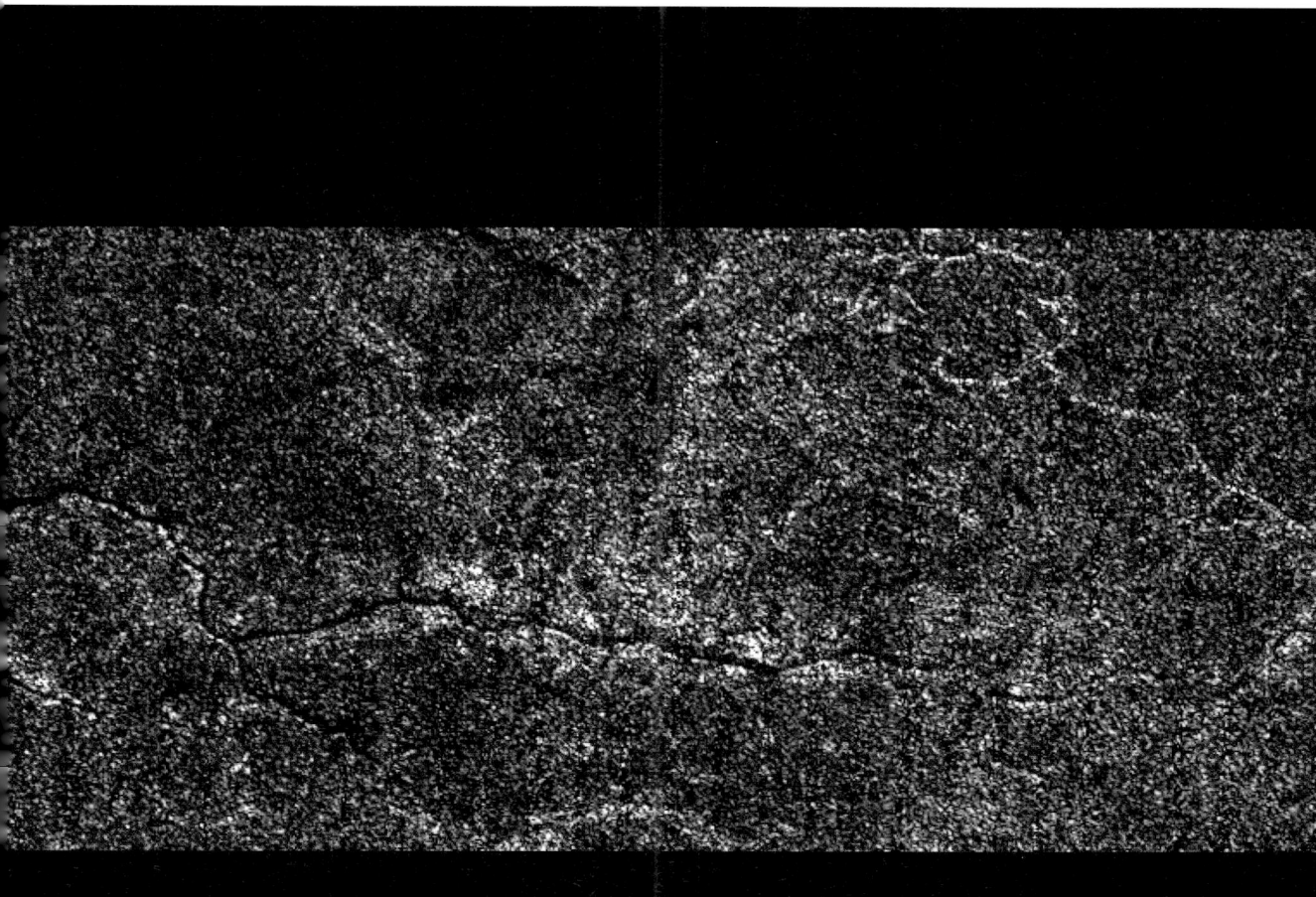

▲ 타이탄의 강. 약 200킬로미터까지 뻗어 있다. 타이탄의 가장 큰 바다인 크라켄 마레까지 흘러간다.

✦ 탐사선에 실린 것들

 인간이 만든 물체 중에 유일하게 태양계를 벗어난 보이저 1호와 2호 안에는 지구인의 메시지가 담긴 골든 레코드가 실려 있어. 축음기에 올려 놓고 음악을 들을 때 썼던 레코드 판과 같은 거야. 둥근 판에는 한국어를 포함해 세계 55개 언어로 된 인사말, 목소리, 음악, 이미지가 담겨 있어. 우리나라 말은 '안녕하세요'가 담겨 있어.

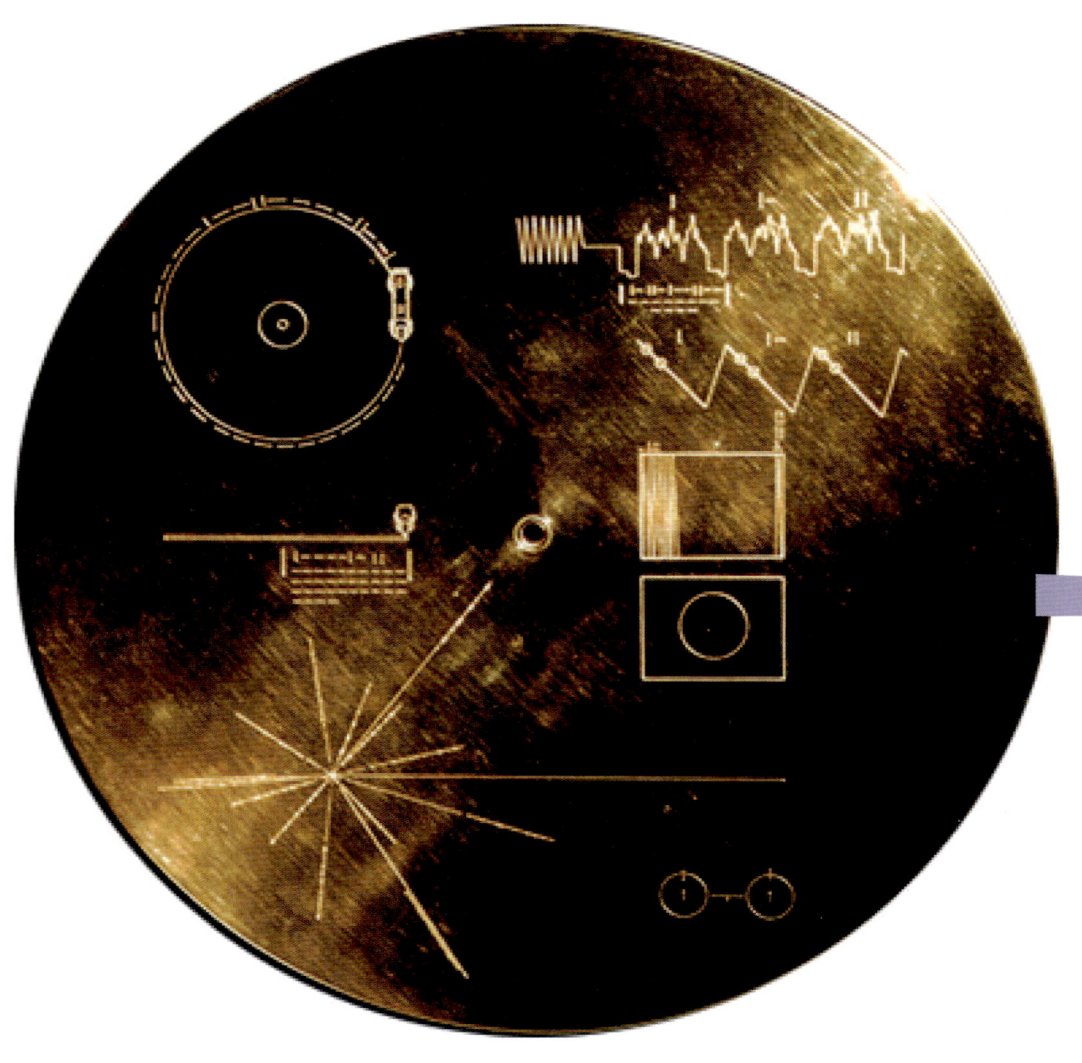

분명 지구인 정도의 문명 수준을 지닌 외계인이 골든 레코드를 발견한다면 여기에 담긴 메시지를 해독할 거야. 그런 일이 생긴다면 얼마나 신날까? 물론 태양에서 가장 가까운 별인 프록시마 센타우리를 지나가려면 1만 6,700년이 지나야 하니, 우리는 답을 못 받을 거야. 그래도 만약 누군가 답을 한다면 빛의 속도로는 4.2년밖에 걸리지 않으니 메시지는 눈 깜짝할 사이에 지구에 도착할 거야.

✦ 보이저호. 옆면에 골든 디스크가 보인다.

✦ 토성 북반구의 폭풍

카시니가 토성 둘레를 돌며 찍은 사진이란다.

✦ 토성 북극의 육각형 폭풍

★ 페르세우스 유성우가 미국 웨스트버지니아주의 밤하늘을 가로지르고 있다.

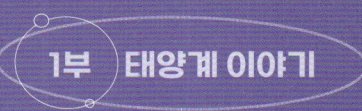

1부 태양계 이야기

별똥별이 떨어진다!

✦ 매년 열리는 별똥별 쇼

정보 하나 알려 줄까? 11월 17일 밤과 18일 새벽 사이에 자지 말고 하늘을 봐. 정말 멋진 우주 쇼를 볼 수 있어. 바로 유성(별똥별)이 비처럼 쏟아지는 유성우야. 특히 이날은 유성이 마치 사자자리에서 쏟아지는 것처럼 보이기 때문에 사자자리 유성우라고도 불러.

매년 같은 날 유성들이 쏟아지냐고? 물론이지. 작년 11월 17일 밤에도 사자자리 유성우가 있었고, 899년에도 사자자리 유성우를 보았다는 기록이 이집트에 남아 있어. 1833년 미국에선 별똥별이 너무나 많이 떨어져서 하늘이 불타는 듯했다는 기록이 있어. 1966년에는 별똥별이 시간당 15만 개나 떨어졌다고 해. 엄청나지?

그런데 왜 하필 11월 17일 밤에 사자자리에서 유성들이 떨어지는 걸까? 그건 33년마다 지구 근처를 지나가는 '템펠-터틀'이라는 혜성 때문이야.

✦ 혜성의 꼬리

혜성은 얼음과 먼지로 이루어져 있어. 태양에서 아주 멀리 떨어진 곳에 있을 때는 햇빛이 약해서 얼음이 녹지 않지만, 목성보다 안쪽으로 들어오면 혜성 표면이 녹아서 기체로 변해. 기체는 혜성의 중력을 벗어나 우주로 탈출해. 그리고 대부분 태양 반대편으로 밀려나지. 그것이 바로 혜성의 꼬리야.

혜성의 꼬리에는 기체가 이온화되어 생긴 플라즈마 꼬리와 먼지 크기의 알갱이로 이루어진 먼지 꼬리가 있어. 그리고 먼지보다 훨씬 큰 모래, 콩알, 자갈 크기의 부스러기들이 먼저 떨어져 나가. 이것들이 혜성이 지나간 자리에 남는 거야. 이렇게 부스러기들이 널려 있는 우주 공간을 지구가 공전하다 지나가면 무슨 일이 생길까?

METEORIC SHOWER OF NOV. 13. 1833.

이 사진은 1999년에 찍힌 사자자리 유성우야.

　유유히 태양 둘레를 돌고 있던 지구가, 템펠-터틀 혜성이 지나간 공간에 들어서면 어떨지 상상해 봐. 지구는 혜성 부스러기 사이를 시속 10만 7,000킬로미터라는 어마어마한 속력으로 통과해. 얼마나 빠른 건지 상상이 안 간다고? 잘 들어 봐.

　비행기 중에는 음속보다 빠른 속도로 날아가는 초음속 비행기가 있어. 음속은 소리의 속도인데, 우리가 뭐라고 말을 하면 소리는 1초에 340미터로 날아가. 정말 빠르지?

　음속도 이렇게 빠른데, 더 빠른 비행기라니 정말 놀랍지? 초음속 비행기의 속력을 나타낼 때는 '마하 수'를 써. 마하 수 1은 음속으로, 마하 수 2는 음속의 두배라는 뜻이야.

2009년에 발견된 사자자리 유성우지.

지구의 공전 속도를 초음속 비행기와 비교해 볼까? 지구는 마하 수 1로 나는 비행기보다 무려 88배나 빠르게 우주 공간을 가로지르고 있어. 이렇게 빠른데, 앞에 먼지나 돌덩어리가 있다면 피할 수 있을까? 못 피해. 그럼 어떻게 하지? 그냥 들이받는 거지. 지구는 혜성이 떨군 먼지를 휩쓸면서 지나가.

우주 먼지나 암석도 놀라긴 마찬가지야. 고요한 우주에서 잘 놀고 있는데, 저 멀리서 지구가 음속보다 88배나 빠르게 달려오니 피할 방법이 없어. 그래서 그냥 지구 대기로 빨려 들어갈 수밖에 없지.

우주 공간에 널려 있는 혜성의 부스러기들이 지구 대기로 떨어지면 무슨 일이 생길까?

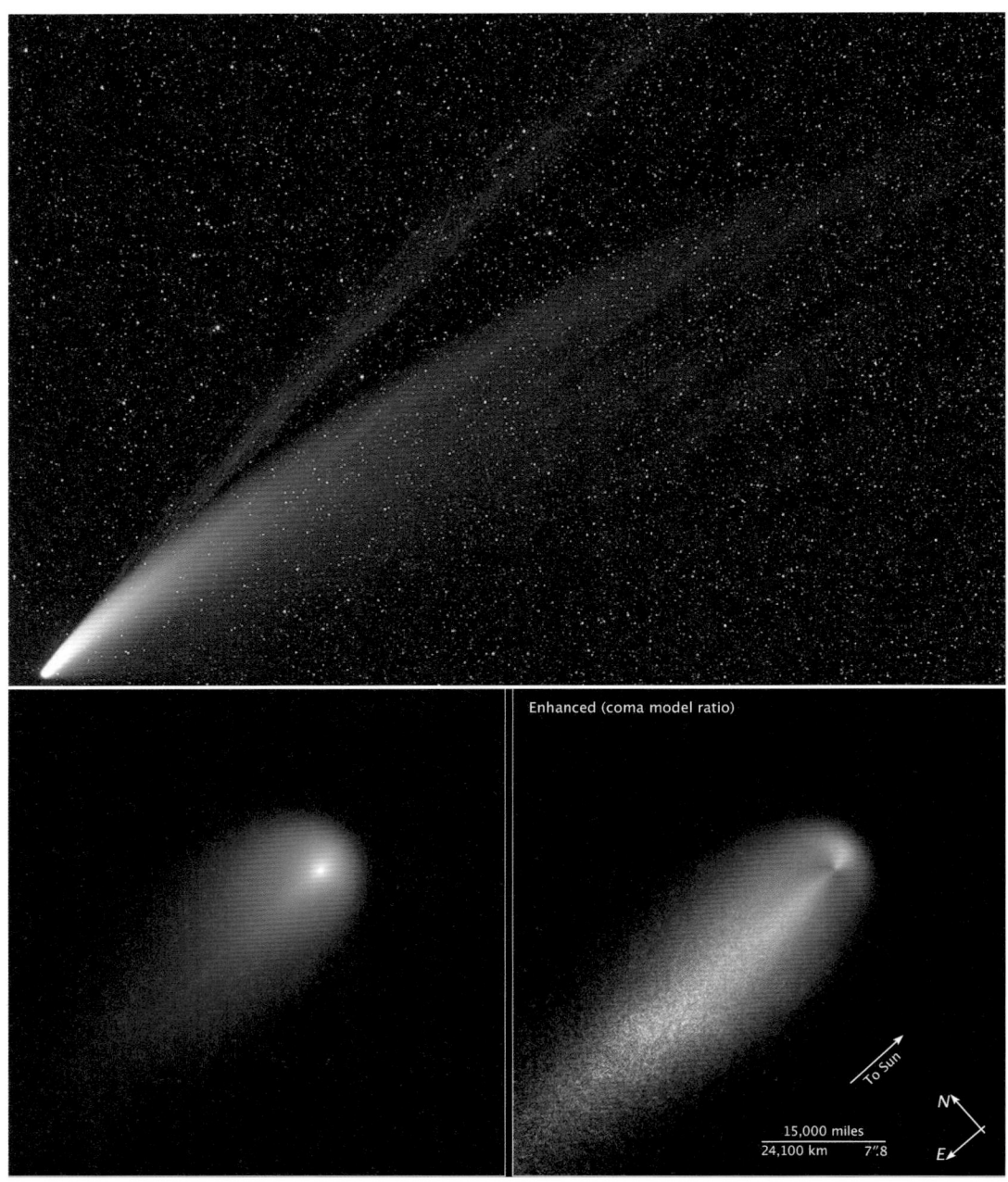

✦ 니오와이즈 혜성(위)과 아이손 혜성(아래)

✦ 으악, 뜨거워!

혹시 마찰이라는 단어를 아니? 두 물질이 맞붙어서 서로의 운동을 방해하는 것을 마찰이라고 해. 설명이 너무 어렵다고? 예를 들어 볼게. 양손 손등을 대고 막 비벼 봐. 그 다음엔 비누를 바르고 비벼 봐. 느낌이 어때? 비누를 바르면 미끌미끌 손등을 비비는 데 전혀 힘이 들지 않을 거야. 그런데 아무것도 바르지 않았을 때는 손등에서 열이 나지? 아프기도 하고 말이야.

그런데 말이야, 혜성 부스러기가 지구 대기를 통과할 때도 마찰이 생겨. 혜성 부스러기와 대기를 이루고 있는 기체 사이에 마찰이 일어나는 거야. 게다가 혜성 부스러기가 대기권에서 떨어지는 속도가 아주 빨라서 어마어마한 열이 나. 그 결과 부스러기는 불길에 휩싸이고 말아. 성냥불을 켜 본 적 있니? 그것처럼 확 타오르는 거야. 이것을 유성 또는 별똥별이라고 하고, 비처럼 우수수 쏟아지는 현상을 유성우라고 해. 유성의 순우리말은 별찌, 유성우는 별찌비야. 말이 참 예쁘지?

혜성 부스러기는 대부분 모래알이나 콩알 정도 크기로 매우 작아. 그래서 대기권에 들어와서 불타는 시간은 1초를 넘지 않아. 정말 잠깐 타오르고 사라지는 거지. 그래서 사람들은 유성을 보고 소원을 빌려고 마음먹지만 대부분 말도 꺼내지 못해. 너무 빨리 사라지니까. 그래서 별똥별이 가장 많이 듣는 소원이 '어'라는 농담도 있어. 사람들은 "어, 별똥별이다!"라고 말하려고 했는데, 별똥별이 너무 빨리 사라지니 별똥별 입장에선 '어'밖에 듣지 못하는 거지.

✦ 핼리혜성. 약 76년을 주기로 지구 가까이 돌아오는 혜성으로 맨눈으로도 볼 수 있다. 1986년 유럽 우주선 지오토가 핼리혜성의 핵을 찍는 데 성공했다. 핵을 이용해 핼리혜성이 태양에서 멀어져 가는 모습을 이미지화했다.

별똥별이 떨어진다!

✦ 유성우를 보는 방법

유성이 빨리 사라지긴 하지만 비처럼 쏟아지면 소원을 빌 기회가 많아질 거야. 그러니 유성우를 꼭 보는 것이 좋겠지? 어떻게 준비하면 좋을까?

유성우를 볼 때 망원경은 필요 없어. 망원경은 토성의 테를 보거나 목성의 줄무늬와 위성을 볼 때는 좋아. 하지만 하늘 전체에서 떨어지는 유성을 보는 데는 불편해. 그냥 맨눈으로 보는 것이 더 편해.

그 대신 뒤로 젖혀 누울 수 있는 캠핑용 의자나 돗자리, 또는 침낭을 준비하면 좋지. 누우면 하늘이 한눈에 들어오니 유성이 훨씬 잘 보일 거야. 다음으로는 넓은 하늘을 다 볼 수 있는 평평한 장소를 골라야 해. 높은 빌딩으로 둘러싸인 도시나 산으로 둘러싸인 계곡은 유성우를 보기에 적합하지 않아. 시야가 많이 가려지니까.

마지막으로 생각해야 할 점은 잡광이 없어야 한다는 거야. 도시의 불빛, 가로등, 자동차 전조등 등 주변에 밝은 빛이 너무 많으면 유성이 보이지 않아.

참, 출출할 때 먹을 초콜릿이나 빵, 따뜻한 코코아와 물도 잊지 말고 챙기는 게 좋겠다. 두툼한 옷과 장갑, 목도리도 챙기고 말이야. 밤에는 추우니 따뜻하게 입어야 해. 별똥별을 보는 것도 좋지만 감기에 걸리면 곤란하잖아.

유성우를 보기에 알맞은 장소를 찾기 어렵다면, 가까운 곳에 과학관이 있나 확인해 봐. 과학관이나 천문대에서는 분명 유성우를 보는 행사를 준비할 거야. 1년에 몇 번 없는 아주 중요한 일이니까 말이야. 전문가가 유성우와 혜성의 관계에 대해서도 설명해 줄 텐데, 우리는 이미 관계를 알고 있으니 대답도 척척 할 수 있어. 정말 재미나겠지?

✦ 쌍둥이자리 유성우

✦ 운석이 떨어진다!

혜성에서 떨어져 나온 부스러기뿐 아니라 우주에는 다양한 크기의 돌덩어리들이 있어. 그중 지구의 궤도에 있던 것은 지구가 지나갈 때 대기로 진입해 유성이 되지. 이렇게 유성이 될 돌덩어리나 혜성 부스러기를 '유성체'라고 해.

어린아이 주먹만 한 유성체라면 대기와의 마찰로 1초 이상 타오르고 밝기도 보름달만큼 밝아. 어떤 때는 타오르는 소리가 들리기도 해. 머리 위로 불타는 돌이 소리를 내며 날아가는 걸 상상해 봐. 이렇게 인상적인 유성을 '화구'라고 해. 불덩어리라는 뜻이야.

그런데 만약 유성체의 크기가 수박만 하거나 그것보다 훨씬 크다면 어떻게 될까? 큰 유성체는 다 타서 사라지지 않고 중심 부분이 남아서 땅에 떨어져. 이렇게 타다 남은 부분이 땅에 떨어진 것을 '운석'이라고 해.

✦ 미국 애리조나주에 있는 베링거 운석 분화구. 지름이 1,186미터, 깊이는 210미터, 둘레에 쌓인 언덕의 평균 높이는 45미터에 이른다.

운석은 우주에서 온 돌이기 때문에 과학자들이 아주 좋아해. 사실 인간은 우주로 나가기 힘들기 때문에 우주를 떠돌던 돌을 연구하기 어려워. 그런데 운석이 제 발로 지구를 찾아왔으니 얼마나 귀한 연구 자료야?

지구상에서 발견된 것 중 가장 큰 운석은 아프리카 나미비아 사막에 있어. 길이가 2미터나 되고 대부분 철로 이루어져 있어서 값으로 따지면 정말 비쌀 텐데 아무도 가져가질 못해. 너무 무거워서 말이야.

운석 중에는 노란색이 도는 보석 페리도트가 철 사이에 점점이 박힌 것도 있어. 이런 운석을 '팔라사이트'라고 해. 사람들은 이 귀한 운석을 얇게 잘라서 팔기도 하지.

✦ 아프리카에 있는 나미비아 호바 운석.
길이가 2미터, 무게가 60톤이다.

✦ 운석과 소행성

운석을 남길 정도로 큰 유성체는 혜성이 아니라 '소행성'일 확률이 커. 얼음이 주성분인 혜성과 달리 소행성은 암석이야. 태양계가 처음 만들어졌을 때 생겨서 행성이나 위성이 되지 못하고 남은 암석이지. 크기는 모래알처럼 작은 것도 있고, 계란만 한 것도 있고, 지름이 100킬로미터가 넘는 것도 있어. 모양도 다양해서 감자나 고구마처럼 생긴 것도 있어.

화성과 목성 사이에는 소행성들이 모여 있는 소행성대가 있는데, 화성이나 목성의 중력 때문에 튕겨 나와 지구를 향해 날아오는 것들이 있어. 그중 제법 큰 것은 지구 대기에서 다 타지 않고 중심 부분이 남아 운석이 되지.

아까도 이야기했지만, 소행성은 태양계가 처음 만들어졌을 때 생겼기 때문에 연구할 거리가 아주 많아. 지구와 다른 행성들이 처음에 어떤 모습이었는지 알 수 있을지도 몰라. 지구의 아기 때 모습을 보는 것과 같다고 할 수 있지. 그런데 우주에서 소행성을 어떻게 가져오지? 걱정할 것 없어. 지구에는 이미 많은 소행성 표본이 있거든. 바로 운석이야.

유성이 날마다 떨어지듯 운석도 날마다 떨어져. 다만 지구 표면의 70퍼센트가 바다이고 육지의 대부분이 사막, 열대우림, 툰드라, 남극 같은 곳이니까 떨어진 운석을 인간이 쉽게 찾지 못할 뿐이야. 과학자들은 운석을 찾으러 남극으로 가. 그곳에서는 비교적 쉽게 운석을 찾을 수 있기 때문이야.

운석을 연구하면 태양계의 나이를 보다 정확하게 알 수 있어. 놀랍게도 달과 화성에서 온 운석도 있어. 과학기술이 많이 발전했지만 여전히 달과 화성에 가는 것은 어려워. 당연히 암석도 구하기 어렵지. 그런데 달과 화성에서 날아온 운석이라니, 정말 귀하지 뭐야.

✦ SF에 나오는 거짓말

간혹 SF영화를 보면 우주비행사들이 소행성을 요리조리 피해서 곡예비행을 하는 장면이 나와. 태양계에서 이런 장면은 화성과 목성 사이에 있는 소행성대에서 볼 수 있어. 하지만 소행성대에 가도 실제 이런 일은 일어나지 않아.

소행성의 개수가 많은 것은 사실이지만 우주는 생각보다 아주 넓거든. 소행성대에 소행성들이 빽빽하게 모여 있는 것 같지만, 실은 크기가 1미터 정도인 소행성이 서로 수천 킬로미터씩 떨어져 있어. 정말 멀리 떨어져 있는 거야.

　예를 들자면 우리나라에 하나, 중국 한가운데 하나, 유럽에 하나씩 있는 정도야. 그러니 우주선이 소행성과 부딪히는 일은 웬만해선 벌어지지 않아. 심지어 소행성이 어디 있는지 잘 보이지도 않아. 너무 멀리 떨어져 있으니까.

　물론 소행성에 접근해서 사진을 찍거나, 지름이 10킬로미터쯤 되는 소행성에 착륙하고 싶다면 조심해야겠지. 그래도 소행성 때문에 우주여행이 위험하진 않을까 걱정할 필요는 없어. 우주는 아주 넓으니까.

★ 오리온성운 안에 사다리꼴성단과 오리온막대가 보인다.

2부 별과 우주 이야기

별의 일생

✦ 메시에는 왜 그랬어?

옛날에 프랑스에 샤를 메시에(1730~1817)라는 천문학자가 살았어. 메시에는 이렇다 할 업적을 남기지 못해 고민하다 누구보다 먼저 혜성을 발견해서 스타가 되기로 결심했어. 메시에보다 먼저 에드먼드 핼리(1656~1742)라는 사람이 핼리혜성을 찾아서 일약 스타가 되었거든. 핼리는 이 혜성이 76년 뒤에 다시 돌아올 것이라 예고하고 죽었어. 그래서 메시에는 돌아온 핼리혜성을 가장 먼저 발견한 사람이 되려고 밤마다 눈이 빠져라 밤하늘을 쳐다보았지.

그러던 어느 날 메시에는 정말 핼리혜성을 찾았어. 흥분한 메시에는 서둘러 학계에 보고했지. 아, 그런데 말이야, 메시에보다 먼저 핼리혜성을 본 사람이 있었어. 메시에는 2등이 되고 말았지. 세상은 두 번째로 혜성을 본 사람은 주목하지 않아. 오로지 첫 번째로 목격한 사람만 알아주지. 게다가 메시에는 첫 번째로 핼리혜성을 보았다고 우기는 사람으로 몰리기도 했어. 정말 억울하지 뭐야.

메시에는 마음을 가다듬고 다시 열심히 혜성을 찾기 시작했어. 그러다 아무도 본 적이 없는 혜성을 찾아냈지. 하지만 이것도 혜성이 아니었어. '초신성'이 폭발하고 남은 '초신성잔해'였지. 메시에는 혜성이 아닌 것을 혜성이라고 우기는 사람이 되고 말았어. 하지만 메시에에게도 그럴 만한 사정이 있었어. 그 당시 망원경은 성능이 좋지 않아서 행성이나 성운이 모두 희뿌옇게 보였단 말이야. 모두 혜성처럼 보였던 거지.

이런 일도 있었어. 어느 날 메시에는 아내가 위독하다는 전갈을 받고 관측을 하다 말고 집으로 갔어. 서둘러 간 덕에 아내의 임종을 지킬 수 있었지. 그런데 바로 그 사이에 혜성이 나타난 거야. 메시에는 날마다 밤새워 하늘을 보고 있었는데, 하필이면 잠시 자리를 비운 사이에 새로운 혜성이 나타나다니!

만약에 너희가 메시에라면 어떻게 하겠니? 혜성은 너무나 찾고 싶은데 운이 없거나 실수를 해서 못 찾는다면 말이야. 포기한다고?

메시에는 포기하지 않았어.

> 별 진화 마지막 단계에 이르면 에너지를 내뿜으며 폭발해. 갑자기 밝게 빛나서 새로운 별이 탄생한 것 같아 '신성'이라고 불렀어. 그런데 사실은 별이 소멸해 가는 모습이야.
> '초신성'은 무거운 별이 신성보다 더욱 격렬하게 폭발하는 현상이지.

✦ 메시에 목록을 아니?

메시에는 하늘을 좀 더 체계적으로 관측하기 위해 하늘에 있는 희뿌연 천체를 찾아서 기록했어. 원래부터 있던 천체들의 자리를 잘 알아 두면, 새로운 혜성이 나타났을 때 바로 알아볼 수 있을 테니까.

이게 바로 '메시에 목록'이야. 이 목록에는 작은 망원경으로 찾아낼 수 있는 가장 멋진 천체들이 포함되어 있어. 행성상성운, 초신성잔해, 구상성단, 산개성단 등이 포함되어 있는데, 모두 110개야. 천문학자들은 이 천체들을 메시에 이름의 첫 대문자 M을 따서 M1, M2 라고 불러.

M1은 혜성인 줄 알고 발표했다가 창피만 당한 초신성잔해야. '게성운'이라고도 불리는 천체인데, 성능이 좋지 않은 망원경으로 관찰하면 마치 옆으로 가는 게처럼 보여서 붙은 이름이야. 물론 이제는 전혀 게 모습으로 보이진 않아.

이 초신성폭발은 얼추 천 년 전 중국의 역사에도 기록되어 있어. 이 기록을 메시에의 관측과 잘 대조해 보니 같은 천체였던 거야. 물론 천 년 전에는 초신성이 막 생기던 때라 아주 밝은 별들만 보였고, 메시에는 폭발 후 별의 대기가 퍼져 나가고 있는 모습을 본 거지. 지금도 이 초신성잔해는 퍼져 나가고 있어.

게성운이야.
지금은 게가 옆으로 가는 것처럼 보이진 않지?

✦ M1게성운

　M2는 구상성단이야. 만여 개의 별이 공처럼 모여 있어서 구상성단이라고 하는데, 북한에선 공꼴별떼라고 부른대. 구상성단의 별들은 함께 태어난 쌍둥이야. 만 개가 넘는 별이 모두 한꺼번에 태어나다니 정말 놀랍지? 그런데 재미난 점은 모두 쌍둥이지만 겉보기 나이는 모두 다르다는 점이야. 어떤 별은 재료를 다 불태워 죽기 일보 직전이고, 어떤 별은 여전히 잘 타오르고 있어. 왜 이런 걸까?

　그건 별의 수명은 별의 질량에 따라 달라지기 때문이야. 태어날 때 얼마나 크고 무거웠는지에 따라 수명이 정확하게 결정돼. 태어나는 순간 죽을 때를 안다니 재미없을 것 같지만, 별들의 세계는 원래 그래.

　자, 그럼 큰 별과 작은 별의 일생을 살펴볼까?

M2는 물병자리에 있는 구상성단이야. 지구로부터 3만 7,500광년 떨어져 있지.

✦ 큰 별의 일생이 궁금해

게성운은 지구로부터 약 5,000광년 떨어진 곳에 있어. 성운의 지름은 5~10광년으로 지금도 1초에 1,100킬로미터의 속력으로 퍼져 나가고 있지. 천문학자들은 다양한 방법을 써서 게성운이 원래 태양보다 25배나 무거운 별이었다는 사실을 알아냈어.

무거운 별은 '수소핵융합'이 매우 활발하게 일어나서 가벼운 별보다 빛이 훨씬 강해. 수소들이 핵융합을 해서 헬륨을 만들고, 그 과정에서 빛이 나와. 크게 태어난 별은 원래부터 재료가 많아서 별 내부에서 만들어지는 빛의 양도 어마어마해. 작게 태어난 별보다 훨씬 많은 양의 수소를 아주 빨리 태워 버리는 거야. 그 결과 멀리서 보면 아주 밝게 보이지.

수소가 거의 다 헬륨으로 바뀌면 어떻게 될까? 태울 연료가 없지? 그러면 별은 두 번째 인생을 살기 위해 '헬륨핵융합'을 시작해. 이젠 헬륨을 태우는 거야. 헬륨핵융합을 하면 탄소가 생겨나. 그 과정에서 빛과 열이 나오고, 그 빛으로 별은 다시 한 번 빛나.

자, 이제 헬륨마저 다 써 버리면 어떻게 할까? 그럼 탄소를 핵융합시켜서 산소를 만들어. 그때 나오는 빛으로 별은 세 번째 인생을 살아. 그런데 말이야, 헬륨을 태우는 기간은 수소를 태우는 기간보다 짧고, 탄소를 태우는 기간은 앞서 헬륨을 태웠던 기간보다 훨씬 짧아. 별은 겨우겨우 빛을 유지하고 있는 셈이지.

태양보다 25배 이상 무거운 별들은 이후에도 산소를 네온으로, 네온을 마그네슘으로 만들고, 그 후에는 황, 규소를 만들다 철을 만들 때까지 핵융합을 해.

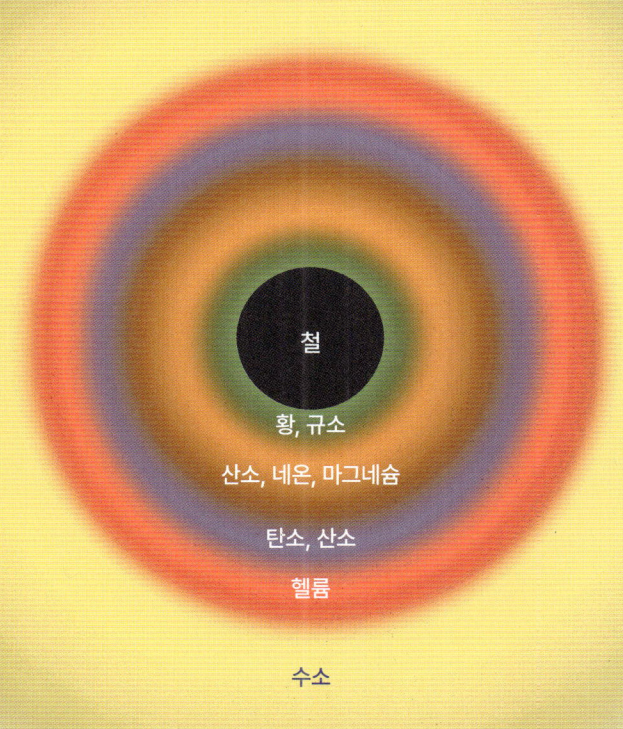

별이 진화 막바지에 접어들면, 핵융합으로 만들어진 무거운 원소들이 별의 중심을 향해 집중돼!

철
황, 규소
산소, 네온, 마그네슘
탄소, 산소
헬륨

수소

✦ 초신성폭발을 알아볼까?

별 내부에 철이 만들어지면, 무거운 별은 죽을 준비를 해야 해. 왜냐하면 철은 핵융합할 수 없기 때문이야. 철을 핵융합할 정도로 압력이나 온도를 높일 수 없을 뿐 아니라, 핵융합을 해도 빛과 열이 나오지 않아. 별이 아무리 애를 써도 수명을 연장할 수 없어. 이처럼 별 내부에서 빛과 열이 만들어지지 않으면, 별의 중심부에 있던 철이 별의 중심을 향해 떨어져. 빛이 나와야 떨어지는 것을 막을 수 있는데, 빛이 생겨나지 않으니 물질들이 중심부에 쌓이는 것을 막을 방법이 없어.

이렇게 철이 끊임없이 별의 중심부에 쌓이면, 사방에서 내리누르는 압력 때문에 철의 전자가 양성자와 결합해 중성자가 되면서 갑자기 별 중심부의 크기가 확 쭈그러들어. 이것이 바로 '중성자별'이야.

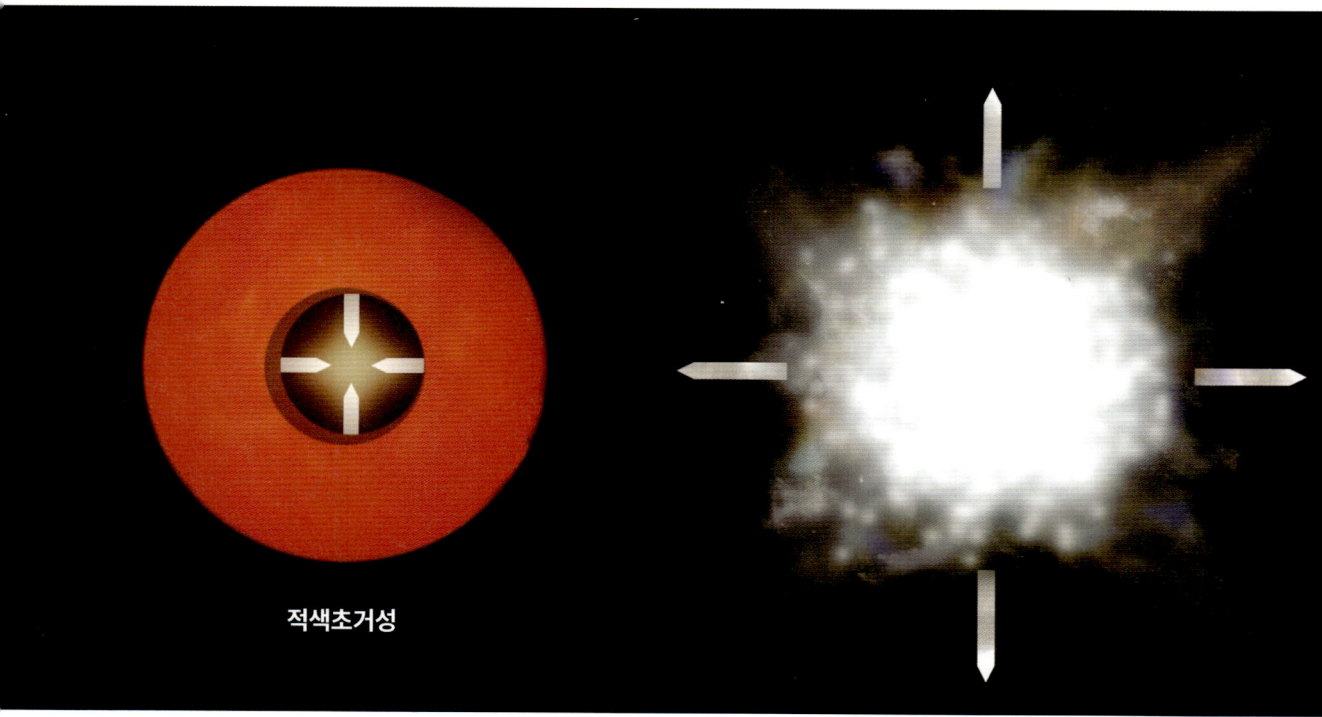

적색초거성

✦ 중심 쪽으로 붕괴　　　　　✦ 초신성폭발

중성자별이 되는 순간, 거대한 에너지가 방출돼. 태양이 100억 년 동안 내뿜는 에너지를 다 합한 것보다 100배나 많은 에너지가 한순간 터져 나와. 그래서 별의 중심부가 아닌 바깥에 있던 층이 날아가게 되지. 이것이 바로 '초신성폭발'이야. 이렇게 날아가고 있는 바깥층이 '초신성잔해'야. 메시에가 보았던 게성운은 이렇게 만들어졌어.

그럼 게성운 중심에 중성자별이 있을까? 물론 있어! 천문학자들은 게성운 중심부에서 매우 빠른 속도로 자전하고 있는 중성자별을 관측했어.

✦ 초신성잔해

무거운 별이 소멸하고 중성자별과 초신성잔해가 만들어지는 과정이야!

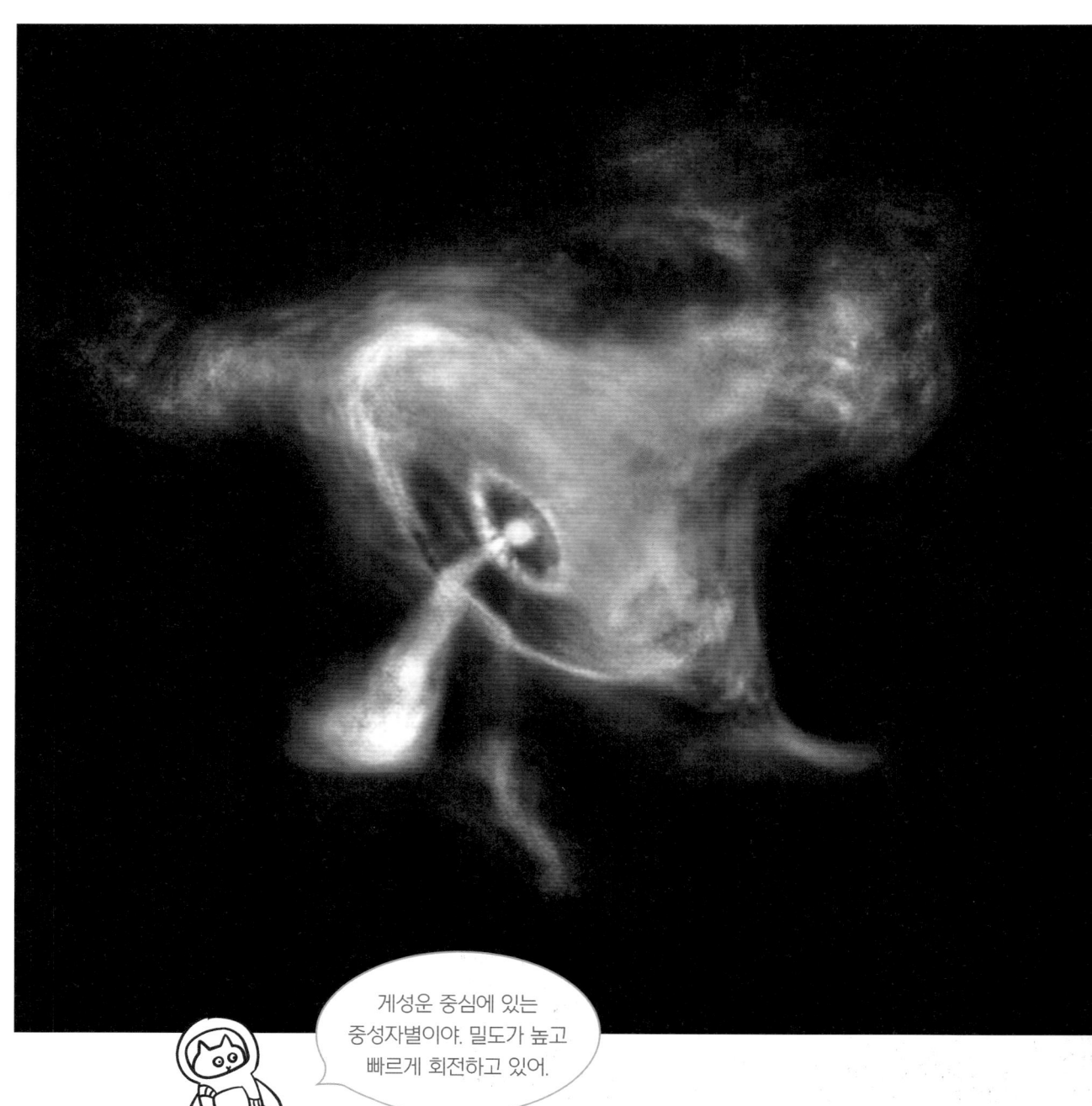

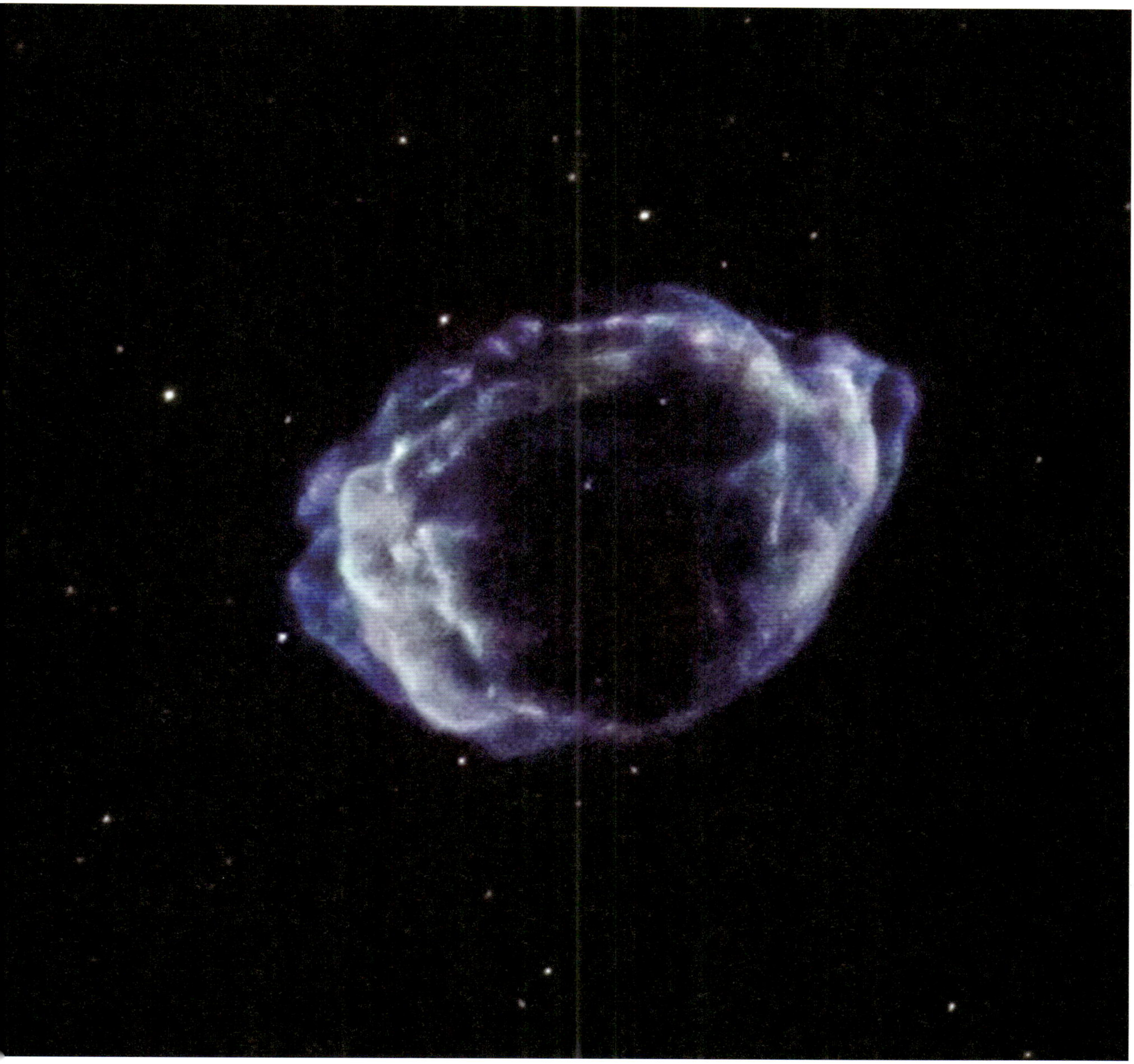

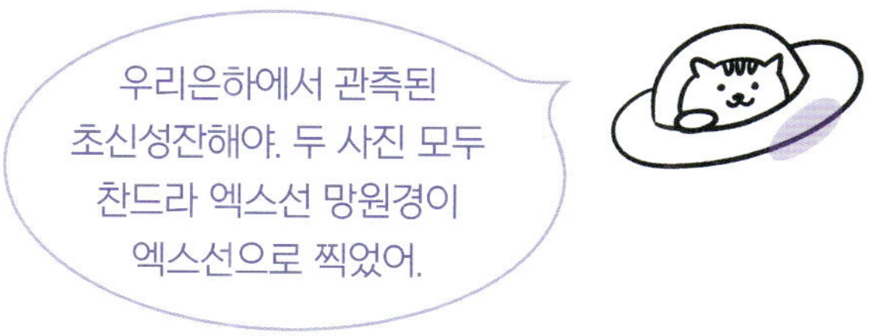

우리은하에서 관측된 초신성잔해야. 두 사진 모두 찬드라 엑스선 망원경이 엑스선으로 찍었어.

태양보다 30배 이상 무거운 별들의 최후는 어떨까? 그 정도로 큰 별들은 중성자별로 끝나지 않아. 더 나아가 '블랙홀'을 만들어.

태양보다 25배나 무거운 별의 평균 수명은 600만 년 정도야. 물론 별을 이루는 물질의 성분에 따라 조금씩 차이는 있지만 여기서 크게 다르지 않아. 만약 우주의 나이 138억 년을 1년으로 친다면 무거운 별은 겨우 4시간 살다 죽는 셈이야. 1년 중 겨우 4시간 살아 있는 거지.

태양만 한 별은 수명이 100억 년 정도니까, 9달 정도 사는 셈이야. 태양보다 무거운 별에 비하면 아주 오래 사는 편이지.

이제 태양의 일생을 알아보자. 별이 태어나는 단계와 그 단계의 시간을 알아볼 건데, 실제 시간과 우주의 나이를 1년으로 쳤을 때를 비교할 수 있게 달력을 생각하면 느낌이 딱 올 거야. 우주는 1월 1일에 생겨났고, 태양만 한 별은 3월 1일에 가스 상태부터 시작한다고 치자.

자, 그럼 시작!

별 사이에 있는 기체들이 모여서 '원시별'이 생겨나. 원시별이 생겨나는 데 걸리는 시간은 얼추 3,000만 년이야. 엄청나게 긴 시간 같지만 우주 달력으로 치면 3월 1일에서 2일, 겨우 하루 정도야.

원시별의 중심부에서 수소핵 4개가 모여 헬륨이 되는 '수소핵융합반응'이 일어나. 여기에서 빛과 열이 나오지. 진짜 별은 지금부터 시작되는 셈이야. 우리가 별이라고 부르는 이 상태를 천문학자들은 '주계열성'이라고 부르는데, 별은 인생의 대부분을 이 시기로 보내. 보통 주계열성의 기간은 100억 년이라서 태양만 한 별의 수명을 100억 년이라고 해. 우주 달력으로 치면 3월 2일부터 11월 30일에 해당해.

별의 중심핵에 있는 수소를 거의 다 쓸 때쯤이면, 중심핵에는 헬륨이 모여 있을 거야. 이때는 헬륨이 핵융합을 하기엔 온도가 좀 부족할 수 있고, 헬륨을 둘러싸고 있는 조금 남은 수소는 여전히 핵융합을 하지. 그래서 별의 껍질이 서서히 부풀어. 별은 주계열성일 때보다 더 커지고 대신 붉어져. 이 단계를 '적색거성'이라고 해. 적색거성 단계에서는 얼추 10억 년을 보내. 우주 달력으로 치면 11월 30일부터 12월 27일까지야.

이제 중심핵의 온도가 더 올라가서 헬륨이 핵융합을 할 수 있을 정도가 되었어. 별의 중심은 다시 빛을 내며 타올라. 제2의 인생이 시작된 거야. 이렇게 1억 년을 보내. 우주 달력으로는 12월 27일에서 12월 30일까지야. 제2의 인생이 겨우 사흘이라니 너무 짧지?

헬륨을 다 태운 별은 이제 다시 힘이 빠져. 그래서 다시 붉게 부풀어서 적색거성이 돼. 이렇게 두 번째 맞이하는 적색거성의 시기는 2,000만 년. 우주 달력으로 치면 겨우 하루야. 이제 12월 31일이 되었어.

자, 마지막 단계야. 붉게 퍼져 나간 별의 대기는 돌아오지 못하고 계속 조용히 퍼져 나가는데, 가운데에는 다시 타오르지 못한 '백색왜성'이 조용히 남은 열을 발산하고 있어. 이런 상태로 있는 천체를 '행성상성운'이라고 해.

우주에는 행성상성운이 아주 많아. 그만큼 우주에는 태양만 한 질량으로 태어나 조용히 빛나다 죽음을 맞이한 별들이 많다는 뜻이지. 태양도 그렇게 죽을 테고 말이야.

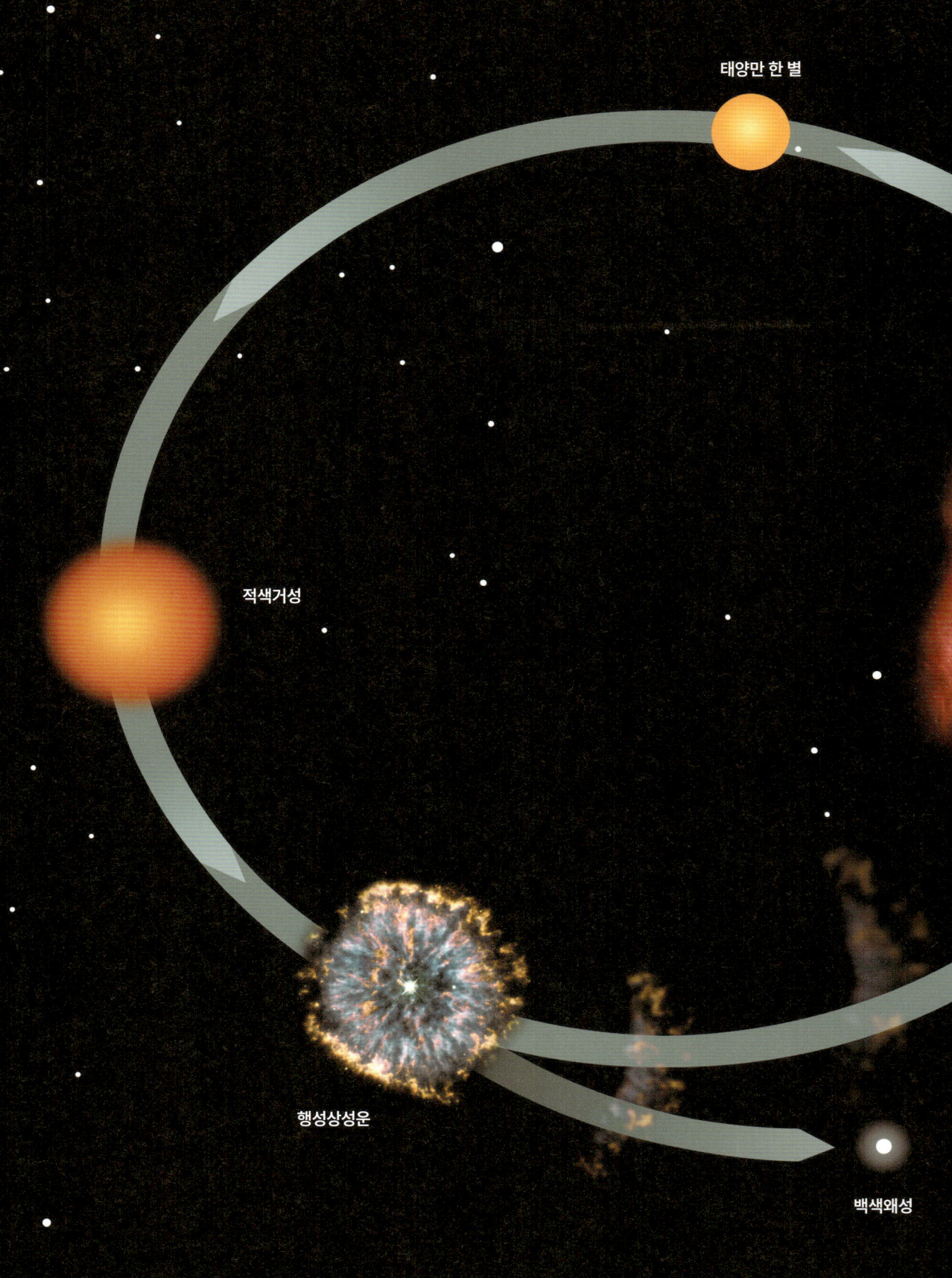

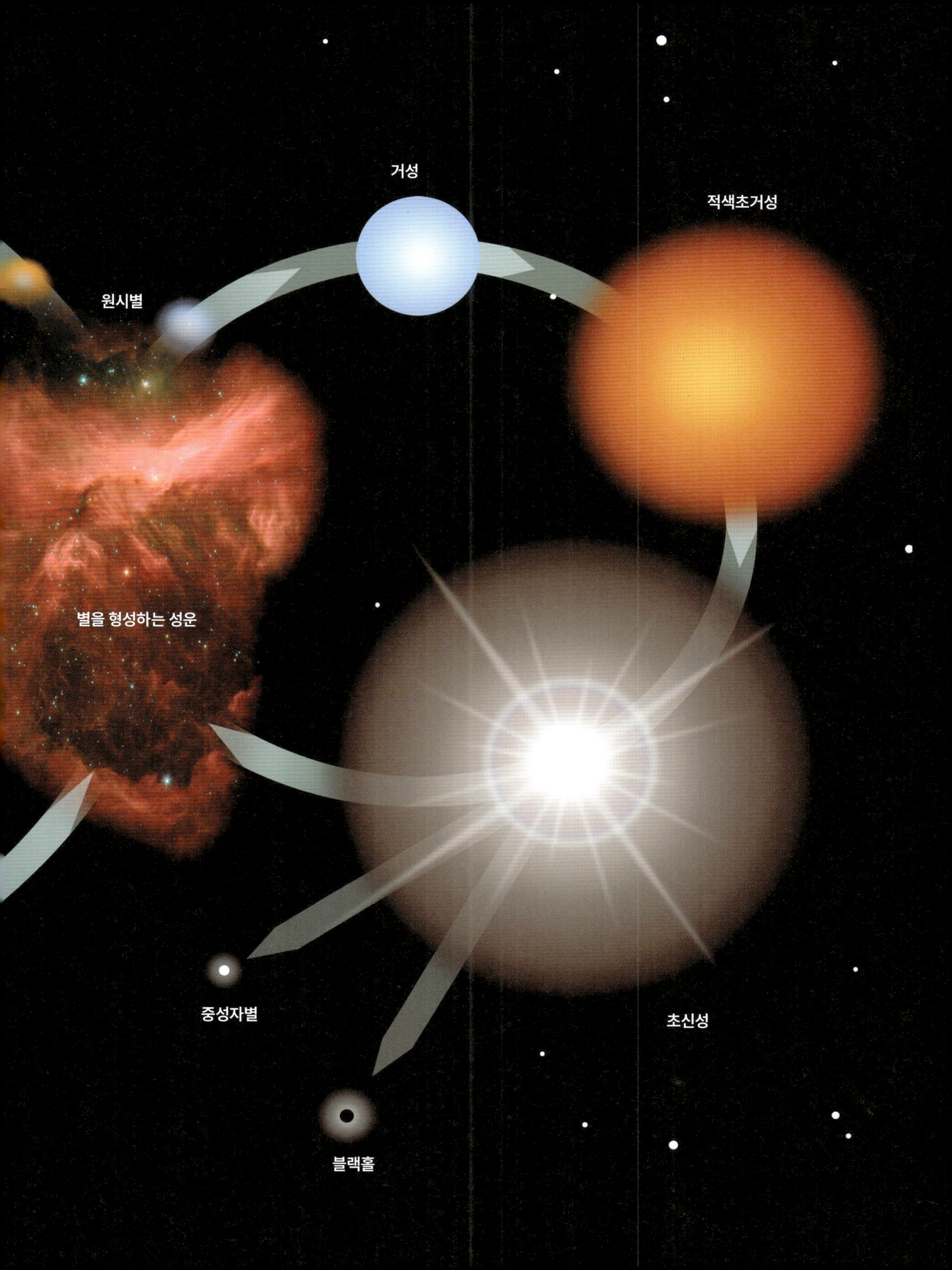

- 원시별
- 거성
- 적색초거성
- 별을 형성하는 성운
- 초신성
- 중성자별
- 블랙홀

✦ 죽어야 다시 태어날 수 있어

메시에 목록에도 '행성상성운'이 포함되어 있어.

M57은 '고리성운'이라는 별명도 가지고 있는데, 성능이 좋지 않은 망원경으로 보면 고리 모양으로 보이기 때문이야. 이 고리는 중심별에서 퍼져 나온 대기층으로 약간 찌그러진 도넛처럼 보이기도 하는데, 중심부를 가만히 살펴보면 하얀 점이 보일 거야. 그것이 바로 '백색왜성'이야! 핵융합을 하지 못하고, 남은 열로 조용히 빛나고 있는, 죽은 별이지.

행성상성운은 죽은 별이긴 하지만, 아름다운 것들이 많아. 모두 다 태양만 한 별이 죽어 가는 모습이야.

한때 자신의 몸을 활활 태우던 별은 죽은 뒤 우주로 퍼져 나가 우주의 먼지가 돼. 그리고 또 다른 별의 재료가 되기도 해. 별의 크기와 상관없이 말이야. 별은 죽어야 다시 태어날 수 있는 거야.

✦ M57 고리성운

물론 다시 태어날 때의 환경은 그 전과는 달라. 초신성이 폭발을 할 때, 철보다 무거운 원소들이 생겨나고 우주로 퍼져 나가지. 우주 먼지들의 성분이 달라진 거야. 수소와 헬륨만 있던 우주에 다양한 원소가 섞여서 먼지의 성분이 달라지면, 별의 일생도 조금 달라져. 더 빨리 타오르고 더 빨리 죽지. 다음 세대는 그 전 세대와 절대 같을 수 없어. 태어날 때 환경이 다르니까.

인간 세상에서 벌어지는 일도 이와 다르지 않아. 부모 세대와 자식 세대는 다를 수밖에 없는 거지. 우주의 시간은 한 방향으로 흐르기 때문에 지나간 시간은 다시 돌아오지 않아. 그러니 모든 순간이 소중해.

✦ M27 아령성운

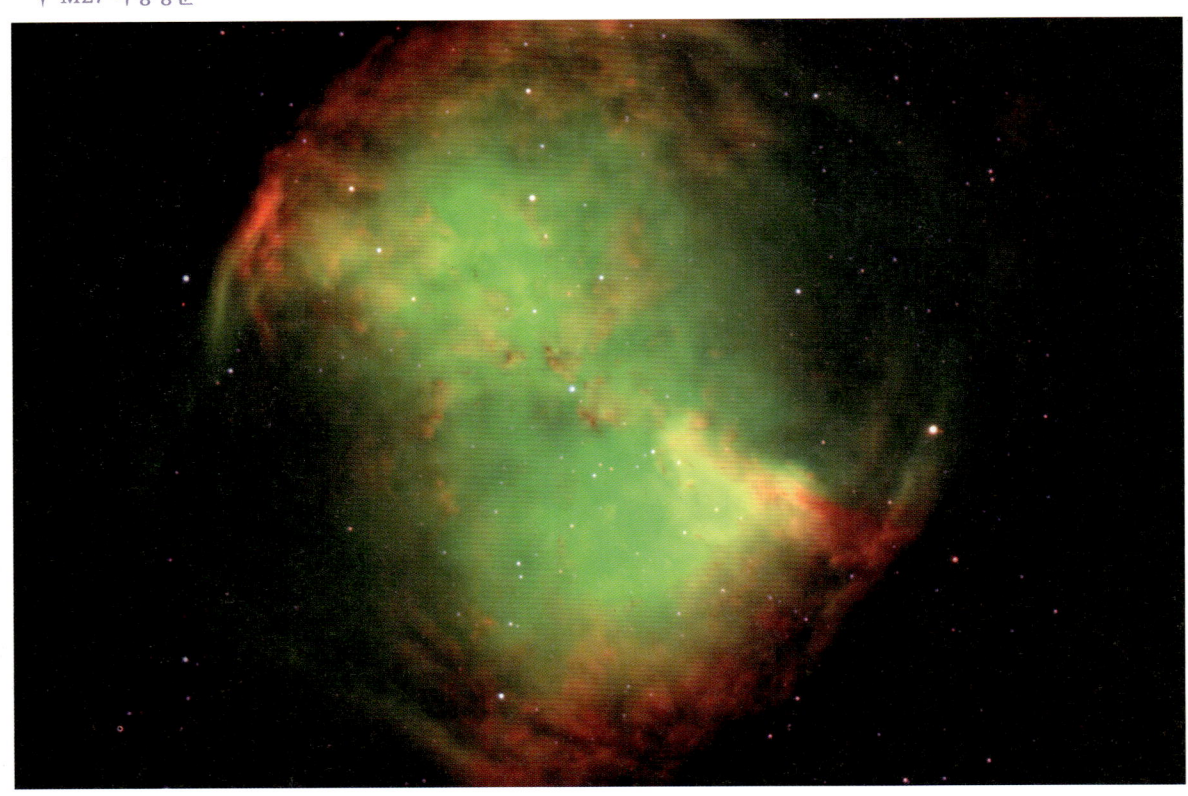

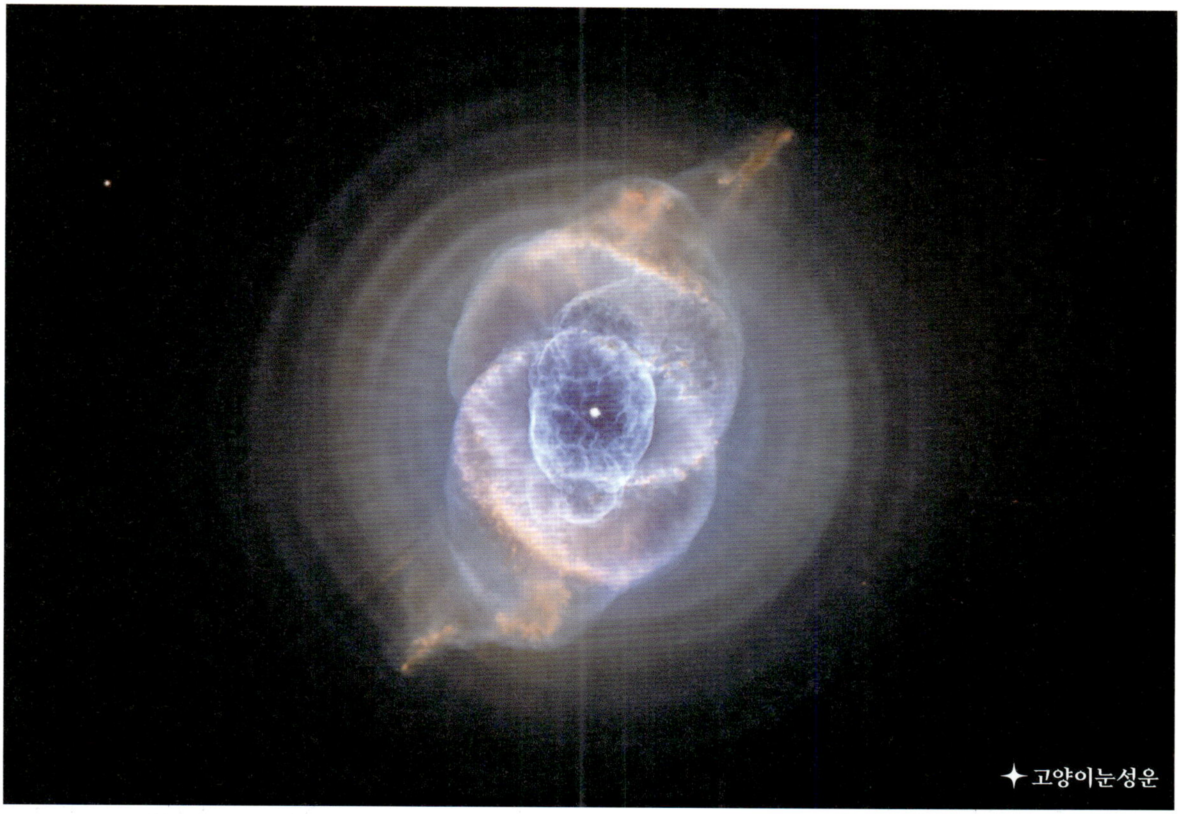

✦ 고양이눈성운

✦ 나선성운

✦ 메시에 마라톤을 해 보자

요즘 사람들은 메시에 목록에 포함된 110개의 천체를 하룻밤에 다 찾는 '메시에 마라톤'을 해. 메시에 천체는 사계절 하늘에 모두 퍼져 있기 때문에, 메시에 마라톤을 하려면 날을 잘 골라야 해. 우선 밤이 길면 유리하지. 겨울이 좋을지도 몰라. 하지만 겨울밤은 너무 추워서 밤새도록 밖에서 별을 관찰하다간 병에 걸릴 수도 있어. 그래서 밤이 길고 그다지 춥지 않은 날을 골라야 해.

아마추어 천문학자들은 밤과 낮의 길이가 비슷해지는 춘분 무렵에 메시에 마라톤하기를 좋아해. 3월 말쯤 하늘이 탁 트인 곳에 모여 밤새도록 망원경을 지키면서 메시에 천체를 찾지.

✦ M42 오리온성운

110개나 되는 천체를 다 찾으려면 별자리도 외우고 있어야 하고, 메시에 천체들이 떠오르는 시간도 알아야 하고, 위치도 정확하게 알아야 해. 마치 철인 3종 경기 같은 느낌이 들지? 메시에 마라톤도 철인 3종 경기만큼 힘들어. 하지만 110개나 되는 메시에 천체를 다 찾고 떠오르는 태양을 바라볼 때의 느낌은 어떨까? 정말 멋지겠지? 별을 보는 일에 관심이 있다면 한 번 도전해 보는 것도 좋을 거야. 이 지구상에 메시에 천체를 하룻밤에 다 본 사람이 몇이나 되겠어?

자, 그럼 잠자고 있는 망원경을 꺼내 잘 닦아 볼까!

이런 멋진 천체 110개를 하룻밤에 다 보는 거야!

✦ M82 시가은하

★ NASA(미국항공우주국)에서 블랙홀을 3차원으로 시각화한 이미지다.

2부 별과 우주 이야기

블랙홀
이야기

✦ 떠난 언니와 남은 동생, 그리고 블랙홀

미래에 일어날 수도 있을 우주 여행 이야기를 하나 해 줄까? 린과 율은 우주선에서 태어난 일란성 쌍둥이 자매야. 광활한 우주를 항해하던 어느 날, 부모님이 아주 흥미로운 이야기를 해 주었어. 우주선이 지나가는 항로에 블랙홀이 하나 나타났다는 거야. 인간은 거대한 망원경으로 블랙홀을 연구해 왔고, 블랙홀 주변 빛을 찍어 확인하기도 했지만, 어느 누구도 진짜 블랙홀 근처에 가 본 적은 없어. 그래서 우주선에 타고 있던 사람들은 모두 흥분할 수밖에 없었지.

특히 언니인 율은 너무 기뻤어. 평소에 관심이 많았던 블랙홀을 지나가면서라도 볼 수 있다는 소리잖아. 율은 얼른 함장님에게 달려가 탐사대를 조직해 블랙홀에 다녀오겠다고 했어. 하지만 함장님은 허락하지 않았어. 블랙홀 근처에 가면 빨려 들지도 모르는데, 절대 보낼 수 없다고 했어.

하지만 율은 포기하지 않았어. 친한 친구이자 탐사선을 조종할 줄 아는 민을 찾아갔어. 민은 블랙홀 가까이 가도 부서지지 않을 아주 튼튼한 탐사선을 알려 주었지. 율은 어른들 몰래 탐사선에 올라타고 블랙홀을 향해 날아갔어.

우주선에선 난리가 났어. 율이 블랙홀을 향해 날아갔으니 당연하지. 함장님은 블랙홀 전문가를 데려왔어. 이 천문학자는 율에게 블랙홀에서 살아 나오는 방법을 열심히 설명했지. 린과 부모님은 걱정이 되어서 아무 일도 할 수 없었어.

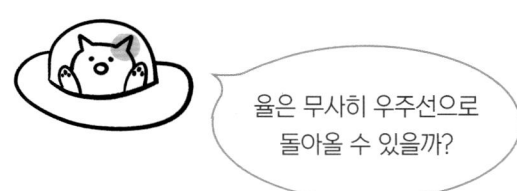
율은 무사히 우주선으로 돌아올 수 있을까?

✦ 사건의 지평선

 태양계가 속한 우리은하 중심부에는 거대한 블랙홀 몇 개가 자리 잡고 있어. 하지만 우리는 은하 중심으로 빨려 들지 않아. 그 대신 이 어마어마한 블랙홀은 우리은하의 중심을 든든하게 지키고 있어.

 무슨 말인가 하면, 태양처럼 은하를 공전하는 별들이 은하 바깥으로 튕겨 나가는 것을 블랙홀이 막아 준다는 뜻이야. 블랙홀을 포함해 우리은하 전체는 중력이라는 든든한 끈으로 별들을 붙들고 있어. 만약 무거운 블랙홀이 없다면, 중력의 끈은 끊어지고 별들은 우주로 흩어져 나갈 수도 있어. 마치 돌팔매질하는 것처럼 말이야.

 블랙홀은 저 멀리 있는 것까지 마구 빨아들이지는 않아. 블랙홀 가까이 어느 선을 넘으면 무조건 흡! 인정사정없이 삼키고 말지.

 오, 그럼 그 선을 잘 알아 두면 되겠네? 그 선만 넘지 않으면 되는 것 아니야? 이론적으론 그래. 블랙홀 주변에는 '사건의 지평선'이라는 경계선이 있는데, 이 선을 넘어서 블랙홀 쪽으로 가면 그것이 무엇이든 탈출할 수 없어. 이곳을 사건의 지평선이라고 부르는 이유는, 이 선을 넘어서 블랙홀로 들어간 물질에 대해선 아무것도 알 수 없기 때문이야. 넘어가면 끝이라는 뜻이지.

 천체를 관측할 때는 거의 모든 정보를 빛에서 얻어. 그런데 사건의 지평선을 넘어간 것은 빛이라 해도 되돌아오지 못해. 아무것도 볼 수 없는 거지. 사건의 지평선을 넘은 다음에는 무슨 일이 일어나는지 아무도 알 수 없어.

✦ 상대적인 시간

율은 사건의 지평선으로부터 수천 킬로미터 떨어진 궤도에 머물렀어. 안전을 위해 더 이상 블랙홀 가까이 가지 않기로 결정한 거지. 그래도 블랙홀에서 벌어지고 있는 일들을 알고 싶었어.

안전하게 알아보는 방법을 궁리하던 율은 아주 튼튼한 금속으로 만든 로봇을 블랙홀에 보내기로 했어. 로봇에게 작은 로켓을 붙여서, 블랙홀 쪽으로 빨려 들어갈 때 속도를 늦출 수 있게 했어. 율은 똑같은 시계를 2개 준비해서 하나는 로봇에게 붙이고 하나는 가지고 있기로 했지. 왜 이렇게 한 걸까?

율은 아인슈타인의 '일반상대성이론'을 확인하고 싶었어. 아인슈타인은 중력이 더 강해질수록 시간은 천천히 흐른다고 예측했거든. 이건 정말 이상한 생각이야. 사람마다 시간이 다르게 흐르는 곳에서 산다고 생각해 봐. 정말 이상하잖아?

시간이 천천히 흐르는 곳에 사는 사람은 시간이 빨리 흐르는 곳에서 사는 사람보다 천천히 늙을 거야. 그러면 누구나 시간이 더디 흐르는 곳에서 살고 싶지 않겠어? 하지만 지금 지구에서는 똑같이 흐르는 시간 속에서 함께 살고 있어. 전화 통화, 인터넷 사용 등 모두 실시간으로 이루어지지? 모두에게 시간은 똑같이 흐른다는 뜻이야. 그래서 아인슈타인이 이런 말을 하기 전까지는 아무도 시간이 다르게 흐를 수 있다는 생각을 한 적이 없어. 당연히 '시간이 상대적으로 흐른다.'는 개념도 알 수 없었지.

율은 시계를 붙인 로봇을 탐사선 밖으로 내보냈어. 그리고 작별인사를 했어. 이제 이 로봇을 다시 만날 수 없을 테니까. 로봇이 속도를 줄이며 블랙홀에 점점 가까이 갔어. 그러자 정말 놀라운 일이 벌어졌어. 로봇이 사건의 지평선 가까이 갈수록 시계는 느리게 흘러갔어. 율이 가지고 있는 시계는 평소대로 흘러갔지만 로봇의 시계는 블랙홀에 가까이 가면 갈수록 느리게 갔어. 그리고 사건의 지평선에 10킬로미터쯤 다가갔을 때 로봇의 시계는 탐사선 시계보다 2배나 느려졌지.

놀라운 사실이 하나 더 있어. 시계의 숫자가 파란색에서 빨간색으로 변해 갔다는 점이야. 시계 불빛이 파란색에서 빨간색으로 변한 것은 '중력 적색이동' 때문이야. 블랙홀의 강한 중력 때문에 파장이 더 긴 빛으로 변한 거야. 파란색에서 빨간색으로 말이야.

자, 이제 로봇의 입장에서 율의 우주선을 바라볼까? 만약 로봇이 우주선을 보고 있다면, 우주선의 시계가 2배 빨리 가고 있다고 느낄 거야. 로봇의 시간이 느리게 흐르는 것이 아니라 우주선의 시계가 빨리 간다고 여기는 거야. 시계를 가진 주체는 자신의 시간이 달라졌다고 느끼지 않아. 그래서 시간이 상대적으로 흐른다는 말을 쓰지.

빛의 파동 중 블랙홀에 가까운 쪽은 먼 쪽보다 더 잡아 늘려져. 이게 '중력적색이동'이야.

✦ 으악, 가까이 가면 안 돼!

로봇은 이제 사건의 지평선에 거의 다가갔어. 율이 보기에 로봇의 시계는 3배, 4배 느리게 흐르고 있어. 로봇이 사건의 지평선에 닿는 순간, 로봇의 시계가 딱 멈추고 로봇도 얼어붙은 듯 멈춰. 로봇은 사건의 지평선을 넘어 블랙홀로 빨려 들었을 테지만, 탐사선에서는 그 장면을 볼 수 없어. 사건의 지평선 뒤에서 벌어진 일은 볼 수 없으니까.

자, 이쯤에서 로봇이 아니라 사람이 저곳에 갔다면 어떻게 되었을지 상상해 보자. 어떤 우주비행사가 우주복을 입고 탐사선에서 나와 블랙홀을 향해 떨어진다면 무슨 일이 벌어질까? 우주비행사가 발을 블랙홀 쪽으로 향하고 있다면, 우주비행사는 자신의 몸이 주욱 늘어나고 있다고 느낄 거야. 그런데 느낌만 그런 것이 아니라 실제로 늘어나고 있어. 발과 머리에 미치는 중력이 서로 달라 양쪽에서 잡아당기는 효과가 생기니 당연한 일이지.

블랙홀의 중력은 블랙홀 중심에 가까울수록 세고, 멀어질수록 약해. 우주비행사의 발이 블랙홀에 더 가까이 있으니 발쪽 중력이 더 세겠지? 머리보다 말이야. 그 결과 몸이 늘어나는 효과가 생기는 거야. 이와 같은 힘을 '조석력'이라고 해.

아주 정밀하게 중력을 측정하는 기계가 있다면, 지구에서도 서 있는 사람의 발과 머리에 작용하고 있는 중력이 다르다는 것을 알 수 있어. 하지만 그 차이가 너무 작아서 사람이 길게 늘어나는 일은 없어.

하지만 블랙홀 근처에서라면 이야기가 달라. 아무리 작은 블랙홀이라도 태양 질량보다 크기 때문에 블랙홀 가까이 있으면 분명 발과 머리의

중력값이 달라. 그 차이 또한 어마어마하게 커서 몸이 길게 늘어날 수밖에 없지. 이런 현상을 '국수효과'라고 해.

실제로 우주비행사가 블랙홀로 뛰어든다면, 몸은 길게 늘어나 원자 상태로 분리돼! 나중에는 원자마저 해체되어 블랙홀로 빨려 들어가지. 우주선 밖에서는 길게 늘어난 우주비행사가 사건의 지평선에 딱 멈춘 것으로 보이지.

율은 이런 사실을 잘 알아서 블랙홀에 더 가까이 가지 않고 로봇을 보낸 거야. 하지만 사실 이 로봇도 오래 견디지는 못해.

✦ 이제 돌아가자!

블랙홀처럼 중력이 강한 천체 근처에선 시간이 느리게 흐른다는 아인슈타인의 일반상대성이론을 확인한 율은 정말 큰일을 했다고 생각했어. 인류의 역사상 이 사실을 직접 눈으로 확인한 사람은 율이 처음이야. 율은 스스로가 너무 대견했어. 아무도 근처에 가지 않으려는 블랙홀에 와서 놀라운 사실을 목격한 거잖아. 율은 얼른 우주선으로 돌아가 직접 본 사실을 모두에게 알리고 싶었어. 사람들이 얼마나 놀라워할까. 율은 얼른 탐사선을 돌렸어.

얼마나 갔을까. 그런데 분명 그 자리에 있어야 할 우주선이 보이지 않는 거야. 율은 다시 돌아오려고 탐사선에 우주선의 위치를 분명히 기록해 두었어. 바로 그 자리에 왔는데, 우주선이 없었어. 부모님과 린과 함장님은 분명 율이 돌아오기를 바랄 테니 다른 데로 가지는 않았을 텐데, 어찌된 일일까. 그러고 보니 어느 순간부터 천문학자의 조언도 들리지 않았지. 율은 갑자기 무서운 생각이 들었어. 이 우주에 혼자 남은 거면 어쩌지.

율이 두려움에 떨고 있을 때 탐사선 스피커에서 어떤 목소리가 들렸어.

"율, 당신이 이곳으로 올 줄 알고 있었어요."

눈앞에 아주 거대한 우주선이 나타났어. 처음 보는 우주선이었지. 율은 우주선으로 들어가 그곳에 있는 사람들을 만나자마자 부모님과 린을 만나게 해 달라고 부탁했어.

아, 그런데 이를 어쩌나. 부모님과 린은 오래전에 돌아가셨대. 아까 시간이 상대적으로 흐른다고 했던 것 기억하고 있니? 율은 안전을 위해 나름대로 애를 썼지만 그곳의 시간은 부모님과 린의 시간보다 상대적으로 느리게 흘렀던 거야. 율은 천천히 나이를 먹은 거지.

부모님과 린은 율이 돌아오기를 기다렸지만 율을 만날 수는 없었어. 부모님이 돌아가시자 린은 율의 이야기를 기록했어. 언젠가 율이 이 자리로 돌아올 테니, 이 항로를 다니는 우주선은 주의 깊게 관찰하라는 기록을 남기고 죽었지. 율 앞에 나타난 우주선이 바로 그 우주선이었던 거야. 율은 슬펐지만 어쩔 수 없었어. 부모님과 린의 시간이 상대적으로 너무 빨리 흘렀으니까. 아무리 블랙홀이라도 시간을 되돌릴 수는 없거든.

율이 블랙홀을 본 경험을 이야기할 필요도 없었어. 율은 이미 아주 유명한 사람이 되어 있었으니까. 결국 율은 쌍둥이 동생 린은 보지 못한 미래에 살게 되었어. 블랙홀 근처에 다녀온 덕분에 말이야. 너희는 블랙홀 근처에 갈래? 기회가 있다면?

여행을 가더라도 블랙홀에 빨려 들어가진 말자!

✦ 블랙홀 상식

블랙홀은 별이 죽을 때 생겨. 아무 별이나 다 블랙홀이 되는 것은 아니고, 태양질량의 25배 이상인 아주 무거운 별이 죽은 뒤에 블랙홀을 남길 수 있어. 이렇게 무거운 별은 고작 600만 년 정도만 살아. 크기는 어마어마하게 크지만 짧고 굵게 사는 거지.

블랙홀은 보이지 않아. 하지만 천문학자들은 사건의 지평선에 얼어붙은 빛들을 열심히 모아 블랙홀의 존재를 간접적으로 확인했어. 나아가 블랙홀을 연구한 과학자들이 노벨상을 받기도 했지. 블랙홀은 상상 속에만 있는 것이 아니라 실제로 존재하는 천체였던 거야.

블랙홀은 보이지 않기 때문에 크기를 결정하기는 매우 어려워. 그래서 카를 슈바르츠실트(1873~1916)는 아인슈타인의 일반상대성이론을 이용해서 블랙홀의 반지름을 계산했어. 그러니까 직접 재거나 본 것이 아니라 오로지 계산으로 블랙홀의 반지름을 알아냈어. 그래서 블랙홀의 반지름을 슈바르츠실트 반지름이라고 해. 이것이 바로 '사건의 지평선'이야.

블랙홀의 내부를 상세하게 아는 사람은 단 한 명도 없지만, 그래도 내부에 중심이 있을 거야. 그 중심을 '특이점'이라고 해. 특이점은 무한히 작고, 밀도는 높은 점이라는 뜻이야. 이것도 참 어려운 말이지? 이건 비밀 아닌 비밀인데, 과학자들도 특이점은 어렵다고들 해. 왜? 아무도 본 적이 없으니까. 게다가 특이점을 제대로 설명할 이론도 없어. 이런 이론이 아직 나오지 않았다는 것은 아주 좋은 소식이야. 이 글을 읽는 사람 중에 이론을 완성할 과학자가 나올지 누가 알겠어? 나중에 누군가 특이점에 관한 이론을 만들면 축하 파티를 열자.

✦ **강착원반** 블랙홀로 빨려 들어가는 물질이 형성한 원반이다.

✦ **상대론적 제트** 강착원반에 모인 물질이 빛에 가까운 속도로 분출되는 현상이다.

✦ **특이점** 중력이 너무 강해서 시공간이 파괴되는 조건으로, 우리가 상상하는 공간이이나 점이 아니다.

✦ **사건의 지평선** 블랙홀의 경계로, 여기를 넘어간 물질은 빠져나올 수 없다.

✦ M87에서 발견된 블랙홀

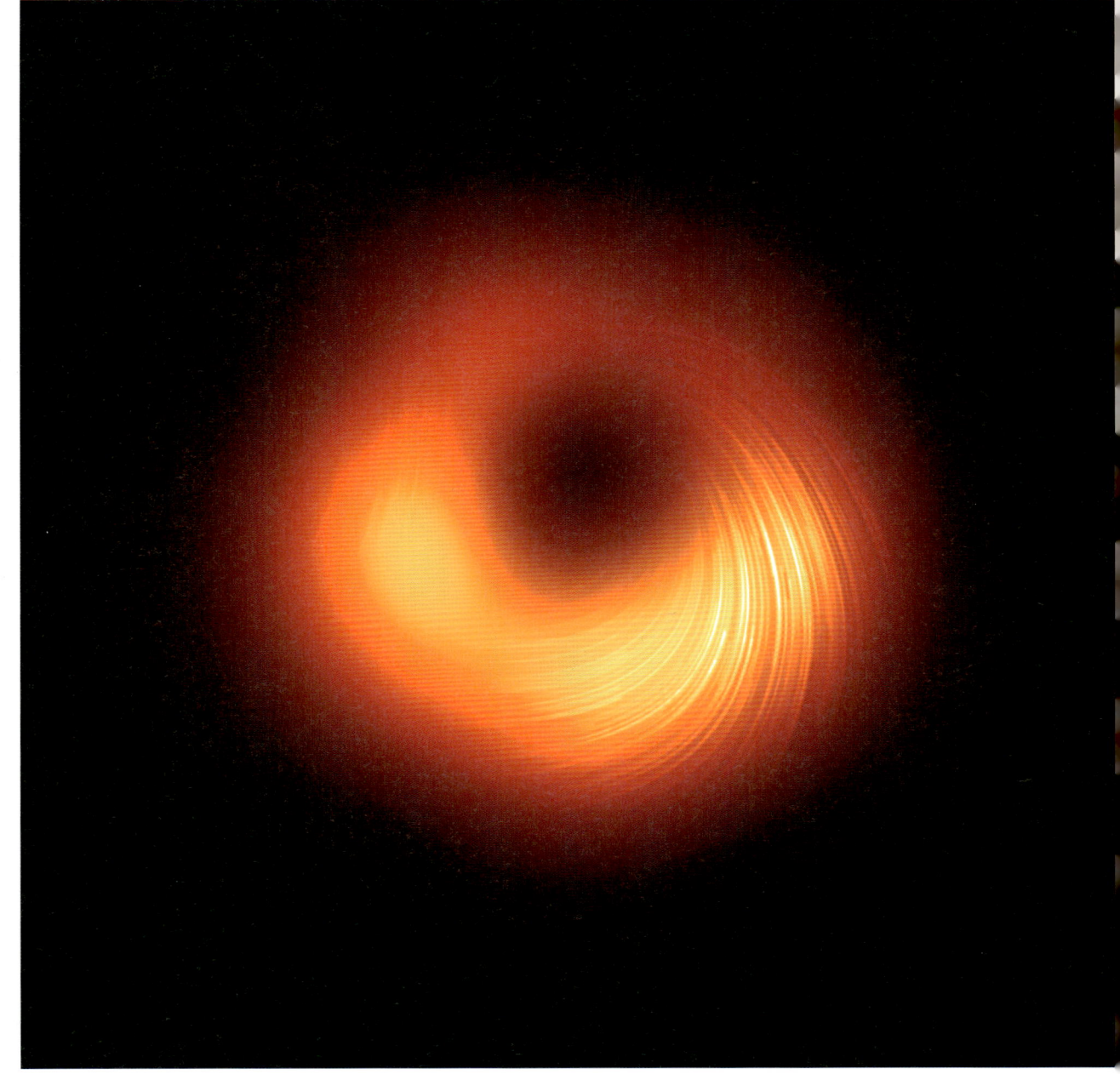

✦ 유명한 블랙홀들

초거대 타원은하 M87 중심에 있는 블랙홀은 태양질량의 약 70억 배야. 지구로부터 약 5,500만 광년이나 떨어져 있지. 마치 붉은색 도넛처럼 보이지?

✦ 우리은하에서 발견된 블랙홀

우리은하 중심에도 블랙홀이 있어. 태양계로부터 2만 6,000광년 떨어져 있고 질량은 태양의 약 400만 배야. 사진으로는 엇비슷해 보여도 두 블랙홀의 크기 차이는 어마어마해.

M87

지구로부터 5,500만 광년

백조자리 X-1은 태양보다 19배나 큰 밝은 별이 있는 천체야. 그 옆에는 보이진 않지만 태양 질량의 15배에 이르는 블랙홀이 있어. 재미난 사실은 말이야, 블랙홀이 밝은 별의 물질을 끊임없이 빨아 먹고 있다는 거야. 그래서 점점 더 무거워지고 있어. 청색 초거성을 빨아먹고 있는 블랙홀은 한 번씩 엑스선을 내뿜어. 그래서 이름도 X-1!

세상엔 참 이상한 일도 많아.

청색 초거성에서 나온 가스가 X-1 블랙홀로 빨려 들어가는 장면을 그린 거야. 빨려 들어가면서 나선형으로 원반을 만들지!

✦ 지구에서 약 1억 3,000만 광년 떨어진 곳에 있는 나선은하 NGC 5468이다.

2부 별과 우주 이야기

은하의 정체를 밝혀라

✦ 은하수가 뭐야?

도시를 벗어나 밤하늘을 보면 하늘을 가로지르는 희뿌연 구름 같은 것을 볼 수 있어. 바로 '은하수'야. 은하수는 여름에는 백조자리와 거문고자리, 독수리자리 사이를 지나가고, 겨울에는 오리온자리를 지나가. 마치 하늘에 흐르는 강 같다고 해서 은하수라고 부르는데, 사실 은하수는 물이 흐르는 강은 아니야. 망원경으로 보면 별이 모여 있다는 걸 알 수 있지. 은하수는 별 하나가 점 하나인 점묘화 같아.

점묘화가 뭐냐고? 그건 말이야, 점을 찍어서 그린 그림이야. 이런 방식으로 그림을 그린 화가로는 조르주 쇠라(1859-1891)가 있는데, 〈그랑드 자트 섬의 일요일 오후〉라는 그림으로 아주 유명해.

서양에서는 은하수를 '우유가 흐르는 길'이라는 뜻으로 '갈락토스'라고 불렀어. 이 말은 그리스어에서 가져왔어. 갈릴레오 갈릴레이(1564-1642)는 직접 만든 망원

경으로 갈락토스를 관측해서, 은하수는 수많은 별이 내뿜는 빛으로 이루어져 있다는 것을 증명했지. 이미 짐작했겠지만, 은하를 뜻하는 '갤럭시'는 '갈락토스'에서 온 말이야. 요즘은 스마트폰 이름으로 더 유명하지만 말이야.

은하수는 우리은하의 나선팔 부분이야. 이렇게 말하면 금방 여기저기서 질문이 쏟아져 나올 거야.

은하수랑 우리은하는 뭐가 달라요?

그럼 너희 은하도 있나요?

나선팔은 또 뭐예요?

자, 자, 진정해. 지금부터 하나하나 설명할 테니 말이야.

칠레 파라날 천문대에서 찍은 은하수 사진이야. 은하수가 VLT 탐사망원경(오른쪽), VLSTA 탐사망원경(왼쪽)을 연결한 다리처럼 펼쳐져 있어.

✦ 우리은하는 어떻게 생겼을까?

밤하늘을 보면 온 하늘에 별이 있어서 우주는 별들로 가득 차 있을 것 같지만, 그렇지 않아. 별은 천억 또는 수천억 개 단위로 모여 있어. 마을이나 도시에 사람들이 모여 사는 것과 비슷해. 이렇게 별들이 무리를 지어 모여 있는 천체를 '은하'라고 해. 그중에서 태양계가 포함된 은하를 '우리은하'라고 하지. 우리나라, 우리 도시, 우리 마을이라고 부르는 것과 같아. 우리은하는 내가 사는 은하라는 뜻이지.

우리은하에는 얼추 천억 개 이상의 별이 포함되어 있고, 태양은 그중 하나야.

가을철 별자리 중 하나인 안드로메다자리에 있는 '안드로메다은하'는 우리은하보다 두 배 정도 큰데, 우리은하와 가장 가까이에 있는 이웃 은하야. 가깝다고는 하지만 약 250만 광년, 그러니까 빛의 속도로 달려서 250만 년은 가야 닿을 수 있는 거리에 있어.

숲속에 있을 때 숲의 전체 모습을 알기 어려운 것처럼, 우리가 우리은하의 모습을 알기는 어려워. 우리은하 밖에 나가서 봐야 어떻게 생겼는지 알 수 있지. 그렇지만 밤하늘에 보이는 별의 분포와 이웃 은하인 안드로메다은하를 참고하면 우리은하가 어떻게 생겼을지 짐작할 수 있어.

✦ M31 안드로메다은하

태양

우리은하는 편평한 원반처럼 생겼어. 천 억 개의 별들이 접시처럼 납작한 모양을 이루면서 모여 있다는 뜻이야. 중심부에 별이 많이 모여 있어서, 옆에서 보면 중심부가 위아래로 볼록하게 부풀어 있어. 이 부분을 '팽대부'라고 해. 원반 바깥으로 갈수록 별의 개수는 줄어들고, 중심을 휘감는 나선팔 모양으로 별들이 모여 있어. 소매가 긴 옷을 입은 사람이 빙빙 돌며 춤추는 모습과 비슷해.

이처럼 밝은 팽대부 주변에 나선팔이 있는 은하를 '나선은하'라고 해. 우주에는 나선팔이 없는 '타원은하'도 있고, 모양에 일정한 규칙이 없는 '불규칙은하'도 있어.

우리은하는 '헤일로'라고 부르는 거대한 가스 공 속에 들어 있는 것과 같은 모습이야. 헤일로에는 가스와 구상성단들이 드문드문 자리 잡고 있고 말이야. 구상성단은 은하의 원반에 있는 것이 아니라 원반에서 위 아래로 멀리 떨어진 곳에 있어.

원반의 반지름은 약 5만 광년인데, 태양은 중심에서 2만 7,000광년 떨어진 나선팔에 있어. 태양은 은하 중심에서 멀리 떨어져 있는 셈이지. 우리가 밤에 보는 별은 모두 우리은하 안에 있는 별이야. 가장 가까운 은하인 안드로메다은하에 있는 별도 하나하나 구분해서 볼 수 없어. 별 2,000억 개가 모여 안드로메다은하 하나로 보일 만큼 멀리 있으니 다른 은하의 별은 보기 힘들겠지?

✦ 우리은하의 별들은 가만히 있어?

 가만히 있는 별은 없어. 모두 은하의 중심 주위를 돌고 있지. 은하 원반에 있는 별들이 은하 중심 주위를 도는 궤도를 내려다보면, 모두 동심원을 그리고 있는 걸 볼 수 있어.

 원반의 옆에서 보면 재미난 사실을 알 수 있어. 별들은 단순히 동심원을 그리며 도는 것이 아니라 위아래로 출렁이면서 돌고 있어. 놀이동산에 있는 회전목마를 타 본 적이 있니? 회전목마는 단순히 중심 주위를 도는 운동만 하지 않고 위아래로 움직이기도 하잖아. 별들도 회전목마처럼 은하 중심을 물결처럼 일렁이며 돌고 있어. 이걸 '은하 워프'라고 해.

 태양 역시 2억 3,000만 년을 주기로 은하 중심을 돌아. 뭐가 그렇게 오래 걸리냐고? 아주 천천히 가는 것 같지만, 태양은 지금 이 순간에도 시속 80만 킬로미터로 우리은하 중심을 공전하고 있어. 어마어마한 속력이지? 태양이 지금 이

자리에 마지막으로 있었을 때, 지구에는 공룡이 나타났어. 은하를 한 바퀴 돌고 오니 공룡은 모두 멸종하고 후손들이 살고 있네? 어때, 우리은하, 정말 크지?

태양이 은하를 얼마나 빠르게 공전하는지 알았다면, 우리은하의 질량도 구할 수 있어. 태양만 한 별이 몇 개나 있는지 계산할 수 있다는 소리야. '케플러 제3법칙'을 이용하면 돼. 케플러(1571-1630)는 독일의 천문학자인데, 천체의 운동에 관한 법칙을 알아냈어. 그중 제3법칙을 이용하면 태양의 궤도보다 안쪽에 있는 물질의 양을 알 수 있지.

천문학자들이 계산한 결과, 태양의 궤도 안쪽에 있는 물질의 총질량은 태양 질량의 천억 배야. 태양만 한 별이 천억 개나 있는 셈이지. 우리은하의 별들이 중심부에 모여 있다는 점을 생각하면 우리은하의 질량은 이것보다 조금 더 크고 별도 좀 더 많을 거야. 우리은하에만 별이 이렇게 많다니 정말 대단하지?

은하가 출렁이고 있어!

✦ 은하에선 재활용이 기본이야!

우리은하에는 별만 많은 것이 아니라 '성간기체'도 많아. 성간기체는 별 사이에 있는 기체를 뜻해. 수소가 70퍼센트, 헬륨이 28퍼센트를 차지하고 있고 나머지는 탄소, 산소, 질소 등 다양한 기체들로 이루어져 있어. 구성비를 보면 알 수 있듯이 성간기체는 수소와 헬륨이 대부분이야. 성간기체가 중요한 이유는, 여기서 새로운 별이 태어나기 때문이야. 별들은 수소를 핵융합해서 빛과 열을 내고 헬륨과 더 무거운 원소들을 만들어. 특히 태양보다 20배 이상 질량이 큰 별은 죽을 때 큰 폭발과 함께 철보다 무거운 원소들을 만들어 우주에 뿌려. 별의 핵을 제외한 나머지 부분은 모두 우주 공간으로 되돌아가.

앞 세대 별이 죽으면서 우주에 뿌린 기체는 다시 새로운 별로 태어나. 새로운 별은 앞 세대 별과는 다른 조건에서 태어나. 세대 차가 있는 거야. 그러니까 새 별은 앞 세대와는 다른 삶을 살지. 별이 만들어질 때 무거운 원소가 더 많으면, 부피는 같아도 질량이 훨씬 더 크기 때문에 별이 만들어지는 과정이 짧아질 수 있어. 별의 일생이 더 빠르고 강하게 진행되는 거야.

새로운 별은 나선팔에서 더 자주 만들어지는 것 같아. 관측에 의하면, 젊은 별이 모여 있는 산개성단은 나선팔에서 많이 볼 수 있고, 늙은 별이 많은 구상성단은 원반에서 멀리 떨어진 헤일로에서 찾아 볼 수 있거든.

구상성단의 늙은 별들 중엔 태양과 나이가 같은 별들도 있어. 태양만 한 별들은 수명이 길고, 아직 물질을 우주로 돌려보내지 않았어. 죽지 않았으니까. 하지만 나선팔에 있는 산개성단 속 젊은 별들은 태양보다 10배 이상 커. 그만큼 수명도 짧아서 큰 폭발을 일으키면서 죽어. 그 결과 폭발과 함께 우주로 돌아가는 거지. 나선팔에서는 별이 죽고 다시 태어나는 일이 훨씬 자주 반복되는 거야. 은하에서 물질을 재활용하는 것은 기본 중의 기본이야.

✦ 독수리성운에서 성간기체와 우주 먼지가 몰려 있는 곳이다. 새로운 별들이 탄생하고 있다고 해서 '창조의 기둥' 이라고 불린다.

은하의 정체를 밝혀라

✦ 용골자리성운의 북서쪽에 있는 산개성단 NGC 3324의 우주절벽 모습이다. 어린 별과 성간구름이 뚜렷하게 보인다.

은하의 정체를 밝혀라

✦ W51. 우리은하에서 새로운 별이 많이 탄생하는 곳 중 하나이다.

✦ 우리은하 말고 다른 은하는 없어?

물론 있어!

그것도 아주 많아.

인공위성처럼 지구 대기 밖에도 망원경이 있어. '허블 우주망원경'은 공기의 방해 없이 천체를 보기 위해 우주로 보낸 망원경이야. 어느 날 나사의 천문학자들은 아주 이상한 일을 시작했어. 허블 우주망원경을 아무것도 없는 우주에 대고 사진을 찍기로 한 거야. 빈 공간을 찍다니 과학자들이 모두 이상해진 것 아닐까?

하지만 결과는 놀라웠어. 깜깜한 우주에는 빈 곳이 없었어. 올챙이처럼 생긴 은하들이 빽빽하게 들어차 있었어. 이 은하들은 너무나 멀리 떨어져 있어서, 별이 천억 개나 모여 있는데도 잘 보이지 않아. 천문학자들은 생각지도 못한 발견에 깜짝 놀라고 말았지. 뭐가 있나 보려고 사진을 찍긴 했지만 이

✦ 나선은하

✦ 타원은하

렇게 놀라운 광경을 보게 될 줄은 몰랐거든. 천문학자들은 이런 은하가 우주에 수천억 개가 있을 것이라 추측했어.

천문학자들은 은하들을 분류해야겠다고 마음먹었어. 그래서 형태에 따라 나선은하, 타원은하, 불규칙은하로 나누었지.

'나선은하'는 우리은하처럼 하얀 원반에 중심부에는 노란색 팽대부가 있고, 나선팔을 가지고 있어. 별은 대부분 팽대부와 원반에 있고, 기체와 먼지로 가득 차 있지.

'타원은하'는 붉은색이 더 진하고 둥글둥글한 모양이야. 혹시 미식축구 공을 본 적이 있니? 약간 길쭉하게 생긴 공인데, 타원은하는 꼭 그 공처럼 생겼어. 타원은하에는, 나선은하에 풍부한 기체와 먼지는 거의 없는 것으로 알려져 있어.

'불규칙은하'는 말 그대로 원반 모양도 아니고 둥글게 생기지도 않았어. 자기 마음대로 생겼지.

✦ 불규칙은하

불규칙은하는 자기 마음대로 생겼어.

✦ 은하들이 충돌하기도 한다는데?

물론이야.

우리은하도 지금 다른 은하와 충돌하고 있는 중이야. 남반구에 가서 은하수를 보면 '대마젤란은하'와 '소마젤란은하'를 볼 수 있어. 두 개 모두 희뿌연 구름 덩어리처럼 보이지만, 이 은하들은 우리은하와 충돌하면서 헉만 남아 있는 상태야. 우리은하가 다른 은하를 흡수하고 있거든. 우리가 은하들이 충돌하는 세상에 살고 있다니 정말 놀랍지? 그런데 아무것도 느끼지 못한다는 것이 더 놀랍지 않니?

실제로 은하와 은하가 충돌하는 일은 자주 벌어져. 안드로메다은하도 우리은하와 가까워지고 있기 때문에 30억 년쯤 후에 두 은하는 합쳐질 거야. 충돌한다는 뜻이지. 은하들이 충돌해도 별들에게는 아무런 영향이 없어. 왜냐하면 별들 사이의 거리가 아주 멀어서 별끼리는 충돌한 확률이 낮기 때문이야. 그대신 별 사이에 있는 기체와 먼지는 서로 엉키고 뭉쳐져서 새로운 별이 생겨날 확률이 커져.

인간 세상에선 두 문화가 충돌하면 사람이 죽는 전쟁이 일어나지만, 은하가 충돌하면 새로운 별이 더 많이 생겨나. 아주 생산적인 충돌이지. 이런 걸 인간이 배워야 하지 않을까.

✦ 처녀자리에서 두 은하가 서로 충돌하고 있다. 나비 날개 같은 모양이라 나비은하라고 불린다.

✦ 사냥개자리의 소용돌이은하가 동반 은하를 흡수하고 있다.

새로운 별이 많이 탄생하겠는걸!

은하의 정체를 밝혀라

✦ 우리은하 중심에는 무엇이 있을까?

우리은하의 중심은 궁수자리 쪽에 있어. 우리은하 중심에는 아주 밝은 팽대부가 있기 때문에 궁수자리 부근은 아주 밝아야 하지만 실제로는 그렇지 않아. 그건 은하 중심부와 태양 사이에 별빛을 가로막는 먼지가 있기 때문이야. 태양이 은하중심에서 2만 7,000광년 떨어져 있다는 것 기억하고 있지? 이렇게 멀리 떨어져 있으니 그 사이에 쌓여 있는 먼지가 얼마나 많겠어. 만약 그 먼지를 모두 없앨 수 있다면 밤하늘은 정말 밝고 화려할 거야.

우리은하에는 '먼지구름'이 있어서 은하 중심에서 오는 가시광선을 거의 볼 수 없어. 그대신 가시광선보다 파장이 긴 적외선과 전파, 파장이 짧은 엑스선은 먼지를 통과해서 지구까지 와. 천문학자들은 전파망원경과 찬드라 엑스선 우주망원경을 이용해서 우리은하 중심부 사진을 찍었어.

'켁 망원경'으로 우리은하 중심부에 있는 별 사진도 찍었지. 켁 망원경은 하와이 마우나케아에 있는 10미터급 망원경으로, 희미한 가시광선을 최대한 모아서 별 사진을 찍은 거야. 천문학자들은 1995년부터 2010년까지 1년에 한 번씩 우리은하 중심부를 찍어서 그곳에 있는 별들이 어떻게 공전하는지 살폈어. 그랬더니 은하 중심부의 아주 좁은 공간에 많은 별이 모여 아주 빠른 속도로 돌고 있지 뭐야.

천문학자들은 별들이 공전하고 있는 중심부에 어마어마하게 질량이 큰 무언가가 있다고 생각했어. 그렇지 않고선 별들이 저렇게 빨리 돌 이유가 없었거든. 열심히 계산한 결과, 은하 중심에는 태양보다 400만 배나 질량이 큰 천체가 태양계보다 약간 큰 공간에 밀집되어 있다는 사실을 알게 되었어. 그 주변에 있는 별들이 저 무거운 천체에 빨려 들어

가지 않으려면, 엄청난 속도로 돌 수밖에 없었던 거지. 우리가 아는 한 이렇게 밀도가 큰 천체는 블랙홀밖에 없어.

✦ 우리은하의 중심

✦ 고물자리에 있는 세페이드 변광성이다.

2부 별과 우주 이야기

팽창하는 우주

✦ 허블이 누구야?

미국에 에드윈 허블(1889~1953)이라는 천문학자가 있었어. 허블은 키가 크고 잘 생겨서 어딜 가나 눈에 띄었고, 사교성 또한 좋아 예술가, 운동선수, 연예인들과 친하게 지냈어. 게다가 백만장자의 딸과 결혼해 돈과 명예를 다 가진 과학자가 되었지.

하지만 허블이 유명해진 진짜 이유는 누구도 뭐라 할 수 없는 업적을 남겼기 때문이야. 허블은 우리은하 외에도 먼 곳에 독립된 은하들이 있다는 사실을 알아냈고, 그 은하들이 우리은하로부터 멀어져가고 있다는 사실을 관측으로 증명했지. 이제부터 그 이야기를 해 줄게.

100년 전 천문학자들은 어떻게 우주를 관측했을까? 허블은 미국 로스앤젤레스 외곽에 있는 윌슨산 천문대에서 지름이 2.5미터인 반사망원경으로 별과 은하의 사진을 찍었어. 100년 전에는 요즘처럼 컴퓨터나 성능 좋은 카메라가 없었어. 그래서 가로 세로 길이가 30센티미터에 이르는 커다란 유리판에 감광액(빛에 노출되면 화학적 성질이 변하는 액체)을 발라 필름을 만들어서 거대한 카메라에 넣은 다음, 이 카메라를 망원경 뒤에 붙였어. 사람들은 이 망원경을 손으로 직접 조종해 별 사진을 찍었어.

하늘은 조금씩 움직여서 하루에 한 바퀴 돌아 제자리로 오잖아? 그러니 수십 분 동안 하나의 별만 찍으려면, 망원경이 그 별을 아주 정확하게 쫓아가야 해. 요즘은 그런 일을 자동모터가 달린 장치가 대신 해 주지만, 100년 전만 해도 그런 장치가 없어서 천문학자나 노련한 기술자가 망원경 앞에 앉아 손으로 조종을 해야 했지.

이런 일은 생각보다 쉽지 않아. 특히 겨울에는 너무 추워서 손이 얼어, 망원경을 조종하는 손잡이를 미세하게 움직이는 것이 힘들어. 게다가 철로 만든 경통을 잘못 만지면 손이 들러붙거나 동상을 입곤 하지. 이런 일을 피하려고 난로를 피우면, 공기에 소용돌이가 생겨 별 사진을 제대로 찍을 수 없어. 아마 허블이 요즘 망원경을 보았다면 정말 깜짝 놀랐을 거야. 천문학자들은 망원경 옆 건물 안에서 따뜻한 차를 마시며 모니터로 관측 상황을 지켜보고 있을 테니 말이야.

허블은 1923년에 안드로메다은하 사진을 여러 장 찍었어. 그리고 그 사진 속에서 '세페이드 변광성'을 발견했어. 세페이드 변광성은 별 자체가 수축과 팽창을 반복할 때 생겨. 보통 별은 크기가 주기적으로 변하지 않지만 늙은 별은 내부가 불안정해서, 안정한 상태를 찾으려고 수축과 팽창을 반복해. 세페이드 변광성의 주기는 하루에서 100일에 이르는 것까지 아주 다양해. 그뿐만 아니라 변광성의 크기도 매우 다양하지.

✦ 에드윈 허블

✦ 허블과 레빗, 그리고 세페이드 변광성

안드로메다은하에 있는 세페이드 변광성을 가장 먼저 찾아낸 것은 허블이 틀림없지만, 이 변광성의 존재를 최초로 알아낸 사람은 헨리에타 스완 레빗(1868~1921)이야. 1912년 레빗은 우리은하 안에 있는 변광성들을 열심히 관측해서 변광 주기를 조사하고 있었어.

레빗은 우리은하와 충돌 중인 대마젤란은하에 있는 세페이드 변광성의 밝기 변화 주기와 평균 밝기를 조사해서 그래프로 그렸어. 그리고 아주 흥미로운 결과를 얻었지. 밝은 별일수록 밝기 변화 주기가 길고 어두운 별일수록 주기가 짧지 뭐야. 이건 어찌 보면 당연한 일이야. 크고 밝은 별이 팽창했다 수축하는 데 시간이 더 오래 걸리니 변광 주기가 길지 않겠어? 작고 어두운 별은 빠르게 수축 팽창하고 말이야.

레빗은 주기가 30일인 세페이드 변광성은 태양보다 만 배 밝다는 사실을 알아냈어. 이것은 대단한 발견이야. 만약 주기가 30일인 세페이드 변광성이 아주 멀리 떨어져 있다면 어둡게 보이겠지? 우리는 이 별의 원

✦ 헨리에타 스완 레빗

래 밝기가 태양보다 만 배 밝다는 사실을 알기 때문에 얼마나 멀리 떨어져야 저렇게 어둡게 보이는지 계산할 수 있어. 변광성의 변광 주기만 알아내면 그 별의 원래 밝기와 거리까지 알 수 있는 거야!

허블은 이 원리를 이용했어. 안드로메다은하에 있는 세페이드 변광성의 주기를 알아내고 보니 이 변광성들이 너무나 어두운 거야. 그 말은 이 변광성들이 아주 멀리 있는 별이라는 뜻이지. 그래서 계산해 봤더니 우리은하를 훌쩍 벗어날 만큼 멀었어. 안드로메다성운은 태양 근처에 있는 작은 성간먼지 덩어리가 아니라, 너무나 멀리 떨어져 있기 때문에 희뿌옇게 보일 뿐 실제로는 우리은하와 같은 거대한 은하라는 사실을 알아낸 거지.

사실 레빗은 세페이드 변광성의 밝기가 왜 변하는지 몰랐어. 그때는 별의 진화에 관한 연구가 아직 활발하지 않아서 이 변광성이 늙은 별이라는 사실을 몰랐거든. 하지만 레빗이 발견한 세페이드 변광성의 밝기와 변광 주기 관계 덕분에 허블은 아주 중요한 사실을 알게 되었어.

우주는 우리은하로 가득 찬 것이 아니라는 점, 우주에는 은하들이 더 많다는 점, 그 은하들은 믿을 수 없을 만큼 멀리 떨어져 있다는 점, 그리고 은하들 사이는 텅 비어 있다는 점을 말이야.

그리고 허블은 유명한 천문학자가 되었어.

2010년 12월 17일

2010년 12월 21일

✦ 천문학계의 논쟁

1923년 허블이 세페이드 변광성을 관측해 우리은하 말고도 더 많은 은하가 있다는 사실을 알리자, 지구인들은 아주 혼란스러웠어. 밤에 하늘을 보면 별로 꽉 차 있으니 우주에 별이 한가득 있다고 생각하는 것이 당연한데, 보기와는 달리 우주는 텅 비었고 은하들이 드문드문 있다고 하니 상상하기 어려웠던 거지.

천문학자들조차 안드로메다은하를 성운이라고 부르며 우리은하 안에 있는 작은 기체 덩어리라고 보았고, 우주는 우리은하로 꽉 차 있다고 생각하고 있었거든. 보통 사람들이 독립된 다른 은하를 받아들이기는 힘들었을 거야. 아마 대부분 우주에 관해 생각도 안 하고 살고 있었을 테니 어디서부터 어떻게 상상해야 할지 몰랐을 수도 있고 말이야.

지금은 초등학생도 머릿속으로 우주의 모습을 그릴 수 있지만, 100년 전 사람들은 이런 사실을 받아들이기 어려웠어. 놀랍게도 아인슈타인조차 우주가 원래 이런 모습이라는 것을 몰랐어. 그러니 우리가 아인슈타인보다 더 많이 알고 있는 셈이야. 은하에 관해서라면.

외부 은하의 발견으로 일약 스타가 된 허블은 더 흥미로운 연구 대상을 찾아 나섰어. 그때 천문학계에선 우주가 팽창하고 있는지, 아니면 지금 상태 그대로 변하지 않고 있는지에 관해 논쟁이 벌어지고 있었어. 지금은 우주가 팽창하고 있다는 사실을 대부분 알고, 이 사실을 발견한 과학자들이 노벨상도 받지만, 100년 전 사람들은 우주가 팽창한다는 것은 어처구니없는 일이라고 여겼어. 어쩌면 당연한 반응이야. 우주는 변함이 없어 보이니까.

허블은 수십 개의 은하에 있는 세페이드 변광성을 관측해 은하의 거리를 알고 있었어. 만약 이 은하들이 멀어지고 있는지 아닌지를 확인할 방법이 있다면, 천문학계에서 벌어지고 있는 논쟁을 정리할 수 있겠지? 그럼 또 한 번 스타덤에 오르는 거야. 그래서 허블은 외부 은하가 그 자리에 있는지 아니면 멀어지고 있는지 알아내기로 했어. 어떻게 했을까?

'도플러효과'를 알려 줄게!

혹시 길을 가다가 구급차가 지나가는 걸 본 적이 있니? 그때 기억을 잘 떠올려 봐. 구급차가 다가올 때는 사이렌 소리가 크고 높아져. 반대로 멀어져 갈 때는 작고 낮아져. 소리가 크거나 작게 들리는 것은 당연해. 가까이 있으면 소리가 크게 들리고, 멀리 떨어져 있으면 작게 들릴 테니까. 그런데 소리가 높아지고 낮아지는 건 어떻게 된 일일까?

소리는 파동(공간에서 진동이 퍼져 가는 현상)이야. 소리의 파동은 눈에 보이지 않지만 상상해 볼 수는 있어. 두 명이 긴 줄을 양끝에서 잡고 흔드는 걸 상상해 봐. 줄은 위아래로 출렁일 거야. 파동은 이와 비슷해. 이때 줄의 높은 곳을 '산', 낮은 곳을 '골'이라고 해.

별들은 너무 멀리 떨어져 있기 때문에 어떻게 움직이고 있는지 알기가 어려워. 도플러효과로는 별들이 지구로부터 멀어지고 있는지 가까워지고 있는지 알 수 있지.

소리의 높낮이는 파동에 몇 개의 산이 있느냐와 관계가 있어. 1초 동안 몇 개의 산이 나타나는가를 알려 주는 것이 주파수야. 산이 많을수록 소리가 높고, 산이 적을수록 낮은 소리가 나. 이를 두고 과학자들은 주파수가 높다, 낮다고 해. 당연히 주파수가 높으면 높은 소리가 나고 주파수가 낮으면 낮은 소리가 나지.

자, 이제 구급차를 다시 보자. 차가 소리를 내며 다가오면 파동이 압축되는 효과가 있어. 그래서 주파수가 높고 소리가 높아지는 거야. 반대로 소리를 내는 차가 멀어지면 파동을 잡아 늘리는 효과가 있어. 주파수가 낮아지는 거지. 그래서 사이렌 소리가 낮아지는 거야. 이를 '도플러효과'라고 해.

그런데 재미난 사실은 빛도 파동이라는 점이야. 빛을 내는 물체가 가까이 오면 파동이 압축되어 파장이 짧아지고(주파수는 높아지고), 멀어지면 파장이 길어져(주파수는 낮아져). 소리는 높낮이로 구분하는데, 빛은 어떻게 구분할까?

천문학자들이 별빛을 모을 때는 파란 필터와 붉은 필터를 이용해서 따로 빛을 모아. 파장으로 치면 파란 빛이 붉은빛보다 파장이 짧아. 바로 이런 점을 이용해. 별이 다가오고 있다면 별빛은 파장이 짧은 파란 쪽으로 치우칠 것이고, 멀어지고 있다면 붉은색 쪽으로 치우칠 거야. 이런 걸 두고 청색이동, 적색이동이라고 해.

자, 이제 허블이 무엇을 하려는지 알겠지? 허블은 은하들의 빛을 분광기로 찍어서 청색이동인지, 적색이동인지를 판별하면 되는 거야.

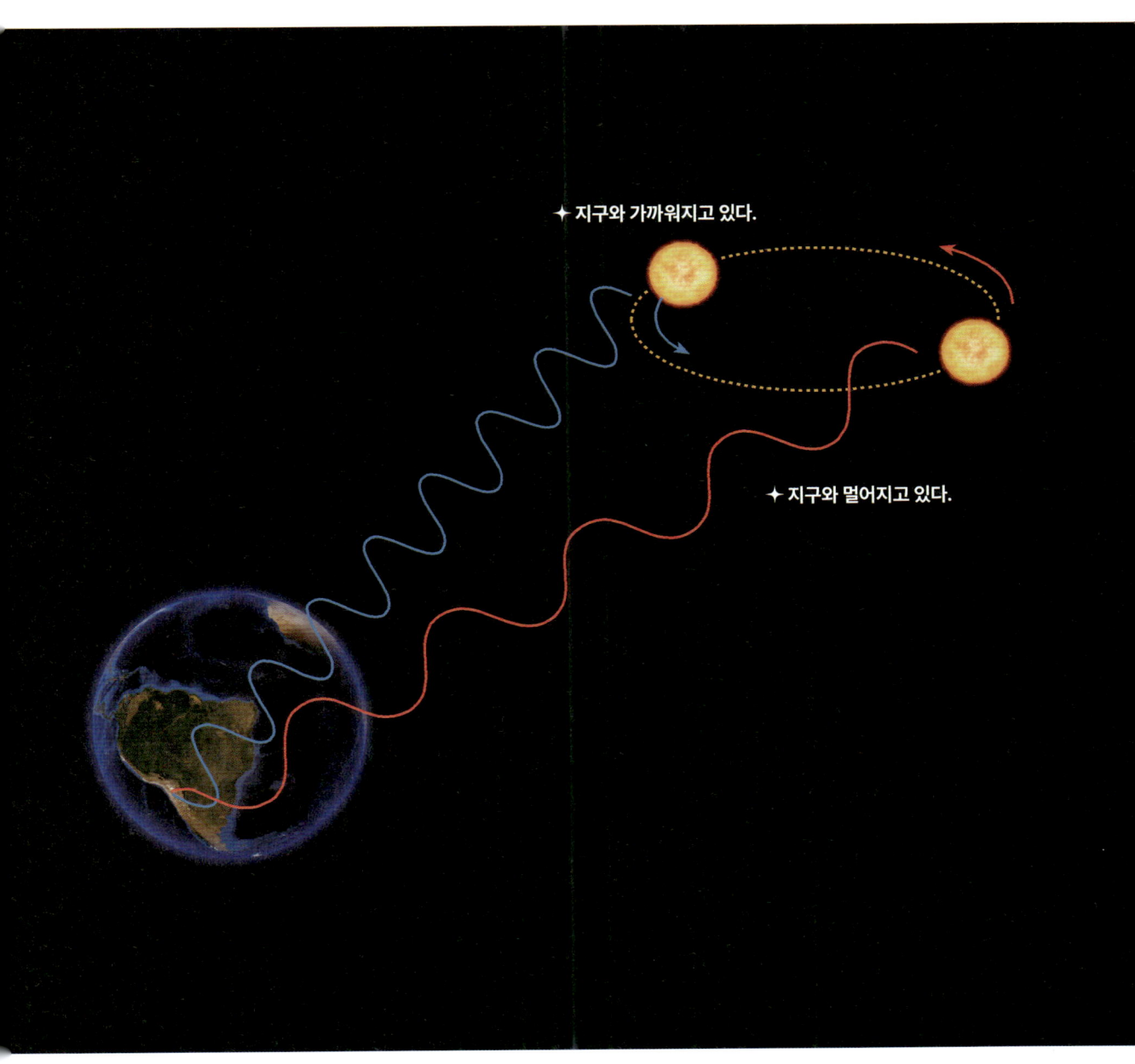

✦ 은하들이 멀어지고 있어!

허블은 망원경을 다루는 기술 전문가 밀턴 휴메이슨(1891-1972)과 함께 열심히 관측을 했어. 100년 전 망원경은 컴퓨터 없이 오로지 인간의 손으로 조종했기 때문에 반드시 조력자가 필요했어.

휴메이슨은 원래 천문대에 물자를 공급하기 위해 조랑말을 모는 사람이었는데, 허블이 보기에 마부로 남기엔 아까운 사람이었어. 그래서 망원경 다루는 법과 관측 자료를 다루는 법을 가르쳤지. 그 결과 훌륭한 기술 전문가가 되었어. 휴메이슨이 없었다면 허블은 외부 은하의 존재를 발견하지 못했을 거야.

허블과 휴메이슨은 외부 은하에 있는 세페이드 변광성과 밝은 천체의 분광사진을 찍어서 도플러효과를 측정했어. 그랬더니 놀라운 결과가 나왔어. 외부 은하들이 대부분 적색이동된 것으로 나타났어. 은하들이 멀어지고 있다는 거지. 더 놀라운 점은 은하들은 무작정 멀어지는 것이 아니라 규칙이 있다는 거야. 어떤 은하와 그 은하보다 2배, 3배 멀리 떨어진 은하를 비교하면, 2배 멀리 떨어진 은하는 2배 빠른 속도로 멀어지고, 3배 멀리 떨어진 은하는 3배 빠른 속도로 멀어지고 있었어. 먼 은하일수록 우리은하로부터 더 빨리 달아나는 것처럼 보였지.

허블은 은하의 거리와 멀어지는 속도를 두 축으로 하는 그래프를 그렸어. 그랬더니 그래프는 아주 깔끔한 직선 그래프가 되었지. 이것은 관측으로 발견한 아주 훌륭한 법칙이야. 우리로부터 멀리 떨어진 은하일수록 더 빨리 멀어진다는 법칙! 과학자들은 발견한 사람의 이름을 따서 '허블의 법칙'이라고 부르기로 했어. 허블은 또 한 번 스타가 되었어.

✦ 우주가 팽창한다!

허블의 관측 덕분에 우주가 팽창한다는 사실이 알려졌지만 허블은 우주가 왜 팽창하는지 관심이 없었어. 그는 망원경으로 관측을 해서 무언가를 발견하는 데는 열정적이었지만, 그 결과가 주는 의미에 대해선 그다지 흥미를 느끼지 못했어.

한편 지구의 반대편 유럽에서는 성직자이자 과학자였던 조르주 르메트르(1894-1966)가 팽창하는 우주에 관해 열심히 연구하고 있었어. 르메트르는 망원경도 없었고 관측을 할 줄도 몰랐지만, 오직 물리 법칙과 숫자만으로 우주는 가만히 있는 것이 아니라 팽창해야 한다는 사실을 알아냈어. 그것도 허블이 허블의 법칙을 발견하기 2년 전에 말이야. 하지만 르메트르는 우주의 팽창에 관해 쓴 논문을 아무도 읽지 않는 벨기에 학회에 투고했고, 연구 결과는 그냥 사라지는 듯했어. 다행히 과학사를 연구하는 사람들이 이 사실을 찾아내서 팽창하는 우주에 대해 가장 먼저 논문을 쓴 사람은 르메트르라는 것을 알렸어.

허블과 르메트르의 연구 결과는 다음 세대 과학자들에게 이어져 오늘날 '빅뱅 이론'의 든든한 토대가 되었어. 이를 기리기 위해 우주망원경에 '허블'의 이름을 붙여 주었지. 자, 이제 허블 우주망원경의 허블이 어떤 일을 했는지 알겠지?

✦ 밀턴 휴메이슨

✦ 조르주 르메트르

2부 별과 우주 이야기

빅뱅 우주론

✦ 제미니 사우스 천문대 뒤로 은하수가 펼쳐져 있다.

✦ 빅뱅 우주론이 뭐야?

우리 몸은 원자와 분자로 이루어져 있어. 인간은 생각하고, 말하고, 춤추는 등 다양한 활동을 할 수 있는데, 이 모든 일은 우리가 물질로 이루어져 있어서 가능해. 그럼 궁금증이 생길 거야. 나와 지구, 나아가 우주를 구성하는 물질은 어떻게 생겨났을까? 주기율표를 가득 채우고 있는 원소는 원래 있었던 것일까?

이 문제의 답을 얻으려면 우주가 어떻게 시작했는지 알아야 해. 시간을 거슬러 올라가 아주 오래전에 무슨 일이 있었는지 알아야 한다는 말이지. 과학자들은 다양한 관측과 연구를 통해 우주는 138억 년 전 한 점이 폭발하면서 지금에 이르고 있다고 생각해. 이것을 '빅뱅 이론'이라고 해. 우주에 폭발이 있었다고 믿는 이유는, 우주가 지금도 팽창하고 있기 때문이야.

우주가 팽창하고 있는지 어떻게 아냐고? 그건 관측을 통해 알 수 있어. 천문학자들은 아주 멀리 있는 외부 은하가 어느 방향으로 움직이는지 알 수 있어. 외부 은하에 있는 초신성을 이용해 이들이 얼마나 빨리 멀어져 가는지 측정할 수 있는 것이지. 원리는 다음과 같아.

멀어지는 물체가 내놓는 빛은 길게 늘어나. 고무줄 늘어나듯이 말이야. 천문학자들은 빛이 늘어난 정도를 측정해 외부 은하가 얼마나 빠르게 멀어지는지 알 수 있어. 많이 늘어났으면 빠르게 멀어져 가는 것이고, 적게 늘어났으면 천천히 멀어져 가는 거야.

2011년에는 우주가 점점 더 빠르게 팽창하고 있다는 사실을 밝혀낸 3명의 과학자들이 노벨물리학상을 받았어. 자나깨나 우주만 생각하는 사람들이 연구해서 알아낸 사실이니 분명 맞을 거야.

우주는 지금 이순간에도 팽창하면서 공간을 만들어 가고 있어. 우주의 시간을 거꾸로 돌리면 외부 은하는 우리를 향해 다가오겠지? 그러다 결국 우주에 있는 모든 물질이 한 점에 모일 거야. 그렇게 모이는 데 걸리는 시간이 138억 년이고 말이야.

✦ 빅뱅과 플랑크 시간과 초힘

우주는 138억 년 전 한 점이 폭발하면서 시작되었고, 시간이 흐름에 따라 팽창하면서 온도가 낮아지고 밀도가 작아져 오늘날 우주가 되었다고 보는 것이 '빅뱅 우주 모형'이야. 빅뱅 우주 모형은 단순한 상상이 아니라 아주 복잡한 계산을 통해 만들어 낸 거야. 이 모형이 과학자들에게 인정받는 이유는 현재 관측한 값과, 모형이 예측한 결과가 잘 맞기 때문이지.

그러니 우리는 팽창하고 있는 우주에서 살고 있다는 점을 기억하면서 우주에 대해 생각해 보자. 우주가 팽창하는 것은 풍선이 부푸는 것과는 좀 달라. 폭발하면서 없던 공간이 생겨난다는 개념이니까. 상상하기 어렵지? 당연해.

우리는 이미 만들어진 3차원 공간에 사는 물질들이라, 존재하지 않았던 공간을 만드는 일을 한 번도 해 본 적이 없어. 경험 없이 생각만으로 알아야 하니 당연히 어렵지. 사실 과학자들도 이런 걸 상상하는 건 쉽지 않아.

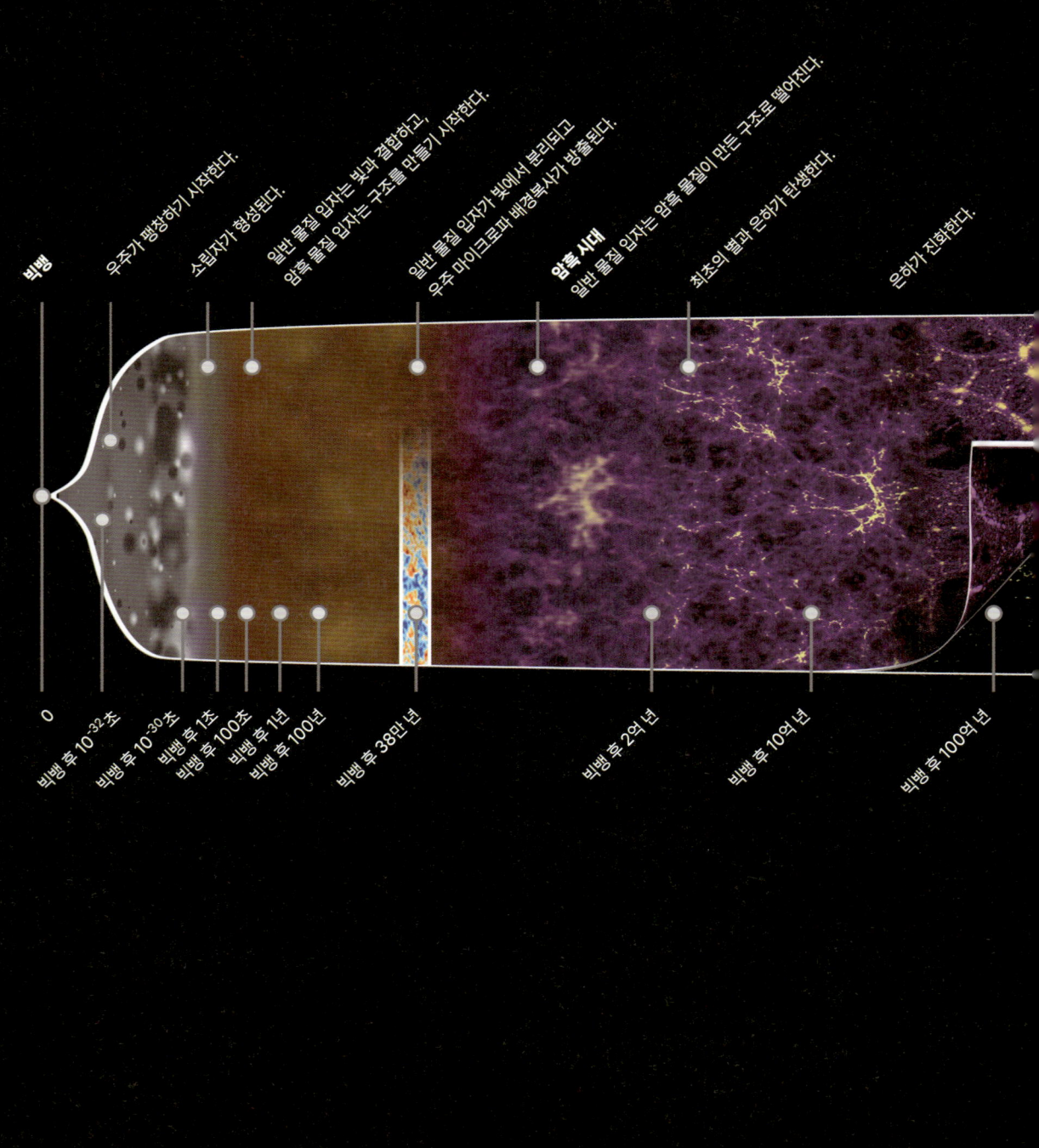

그런데 과학자들은 빅뱅 이후 일어난 일을 아주 작은 시간 단위로 쪼개서 구분해. 정말이지 알아듣기 어렵고 상상도 할 수 없어. 빅뱅 우주론에 대해 알려면 우선 '플랑크 시간'이라는 개념을 알아야 해.

1플랑크 시간은 5.39106×10^{-44} s(초)야.

도저히 상상할 수 없는 시간이지? 과학자들은 빅뱅 이후 플랑크 시간 동안 벌어진 일은 아무도 모른다고 해. 하지만 확실한 사실은, 이 짧은 시간 동안 현재 우주를 지배하는 네 가지 힘, '중력', '강력', '전자기력', '약력'은 모두 하나로 합쳐진 '초힘' 상태였고, 물질은 에너지 상태로 존재했다는 거야.

우주의 모든 물질과 에너지가 한 점에 있었는데, 온전한 상태는 아니었을 거야. 온전한 것이 무언지는 몰라도 말이야. 현재 이 시간을 살고 있는 인간이 빅뱅 이후 플랑크 시간 동안 있었던 일과 그 상태를 상상하는 것은 매우 어려워. 이건 비밀인데, 천문학자들조차 솔직히 그 상태가 어떤 것인지 상상할 수 없다고들 해. 아무튼 이때 온도는 10^{32} K(절대온도, -273℃=0K)였다고 해. 이 역시 상상하기는 어려워.

다행인 것은 시간이 흐르면서 우리에게 익숙한 힘이 하나둘 풀려 나왔다는 점이야. 가장 먼저 자유를 찾은 힘은 중력이야.

✦ 네 가지 힘이 분리되었어!

중력은 모두 알고 있지? 우리가 지구에 딱 붙어서 살 수 있는 것, 지구가 태양의 중력에 묶여 공전하는 것 등, 이 우주는 중력이 없으면 설명할 수 없어. 하지만 우리는 중력에 관해 아는 것이 거의 없어. 태양과 지구는 1억 5,000만 킬로미터나 떨어져 있고 빛의 속도로 달려도 8분이나 걸리는데, 중력은 왜 아무리 멀리 떨어진 물질이라도 동시에 작용하는 걸까? 중력을 전달하는 물질은 무엇일까? 아니, 그런 물질이 있기는 한 걸까?

다음으로 풀려난 힘은 강력이야. 강력은 원자핵이 흩어지지 않도록 붙들어 주는 힘이야. 원자핵은 양성자라는 입자들의 모임이지. 양성자가 2개 이상 있으면 전기적 성질이 같아 밀어내야 하지만 잘 붙어 있어. 게다가 전기적 성질이 없는 중성자도 원자핵의 구성원이지. 강력은 양성자와 양성자, 양성자와 중성자를 붙여 주는 아주 강력한 풀이야. 강력이 없으면 헬륨, 탄소, 산소 등과 같은 원자들이 생길 수 없고 우리도 존재할 수 없어.

그다음으로 일어난 일은 '급팽창'이야. 이때 공간은 빛보다 빠른 속력으로 팽창했다고 해. 이 세상에서 가장 빠른 것이 빛인데, 빛보다 빨리 공간이 팽창했다니 이것 역시 상상하기 힘들지?

이제 남은 두 힘은 전자기력과 약력이야. 이 두 힘은 마지막까지 붙어 있다 분리되었어. 전자기력은 다양한 화학 반응, 생물학적 반응의 토대야. 만약 전자기력이 없다면 우리 몸 안에서 화학 반응이 일어나지 않을 것이고 우리는 살아남을 수 없어. 약력은 원자핵 안에서 일어나는 일과 관련이 있는데, 강력보다 약해 크기가 10조 분의 1에 불과하기 때문에 약력이라는 이름이 붙었어. 중요한 것은 이 모든 일이 빅뱅 후 100억 분의 1초 안에 이루어졌다는 점이야.

✦ 빅뱅 후

 네 가지 힘이 다 분리된 후부터 빅뱅 후 0.001초까지 양성자가 만들어졌어. 양성자는 원자핵을 구성하는 너무나 중요한 물질이야. 양성자가 없으면 우리도 없어. 양성자 하나를 핵으로 가진 원소가 바로 수소야.

 0.001초 이후 5분까지 우주에서는 핵융합이 일어났어. 이때 우주는 매우 뜨겁고 밀도가 높아 핵융합이 일어날 정도로 양성자들이 맹렬하게 충돌했어. 그 결과 헬륨이 탄생했지. 빅뱅 후 5분, 즉 우주의 나이 5분이 되자, 우주는 75퍼센트의 수소, 25퍼센트의 헬륨, 아주 적은 양의 중수소와 리튬으로 채워졌어. 더 정확히 말하면 수소핵, 헬륨핵, 리튬핵이 생긴 거지. 이 세상을 이루는 기본 입자가 드디어 완성된 거야.

 그 후 38만 년 동안 우주는 핵자(원자핵을 구성하는 기본 입자)와 전자들이 마구 엉켜 매우 혼탁한 시기였어. 빛은 전자와 핵자들 사이를 오가며 갈팡

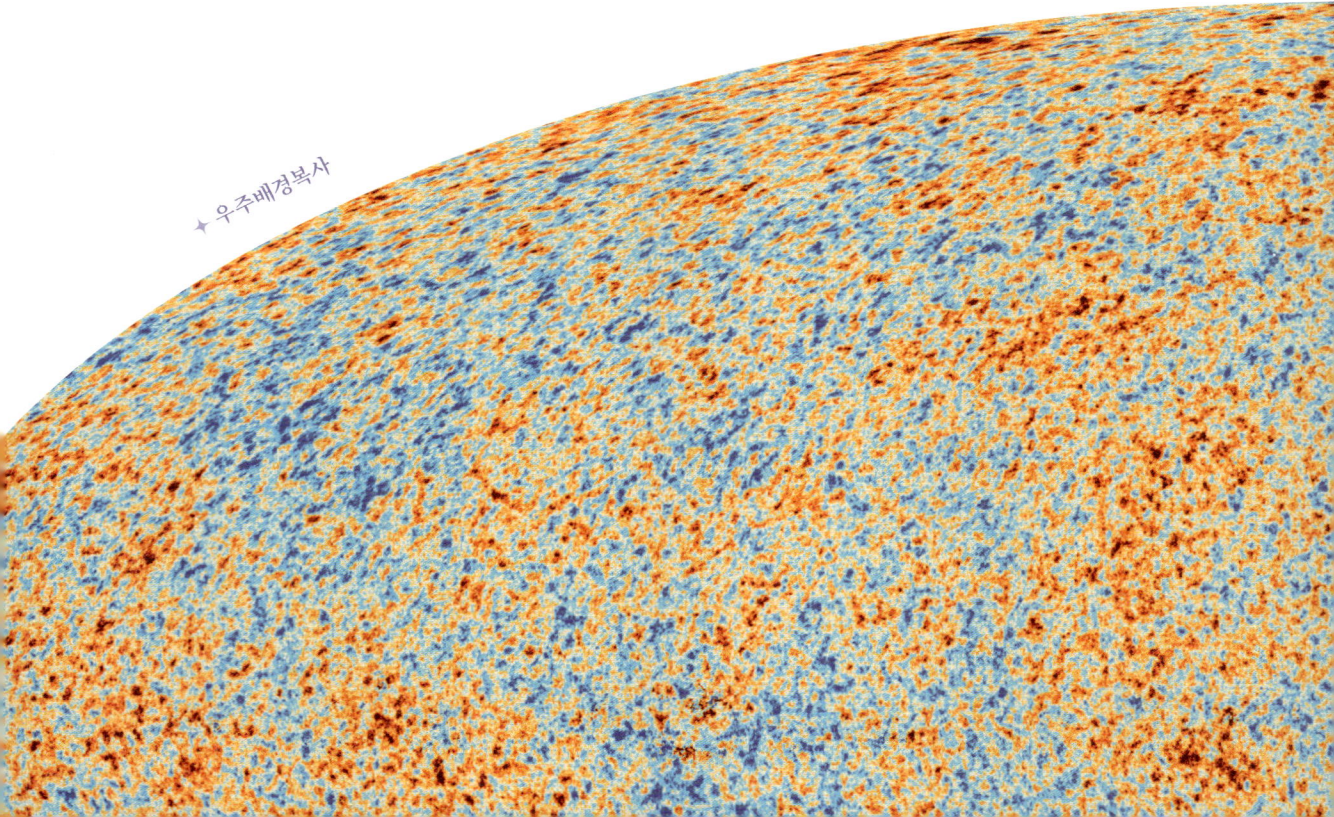

✦ 우주배경복사

질팡해서, 우주는 안개 낀 것처럼 앞을 볼 수 없었어. 하지만 우주는 계속 팽창해 공간이 생기고 있었고, 공간이 넓어지니 온도는 점점 낮아져 입자들의 움직임이 둔해졌지.

그러다 빅뱅 이후 38만 년이 되는 바로 그때, 우주에 있던 모든 수소핵과 헬륨핵은 떠돌던 전자와 결합해 완벽한 원자가 되었어. 전자와 핵자가 결합해 하나가 되자 둘 사이를 오가던 빛은 그제야 사방으로 뻗어 나가기 시작했어. 빛이 자유를 찾은 거야. 빛이 공간에 퍼지자 안개가 걷히고 앞이 보였어.

그때 자유를 찾은 빛은 팽창하는 공간과 함께 길게 늘어나 지금도 우주 여기저기에 흩어져 있어. 이 빛을 '우주배경복사'라고 해. 이름이 우주배경복사인 이유는, 우주 어디를 찍어도 이 빛이 배경처럼 깔려 있기 때문이야.

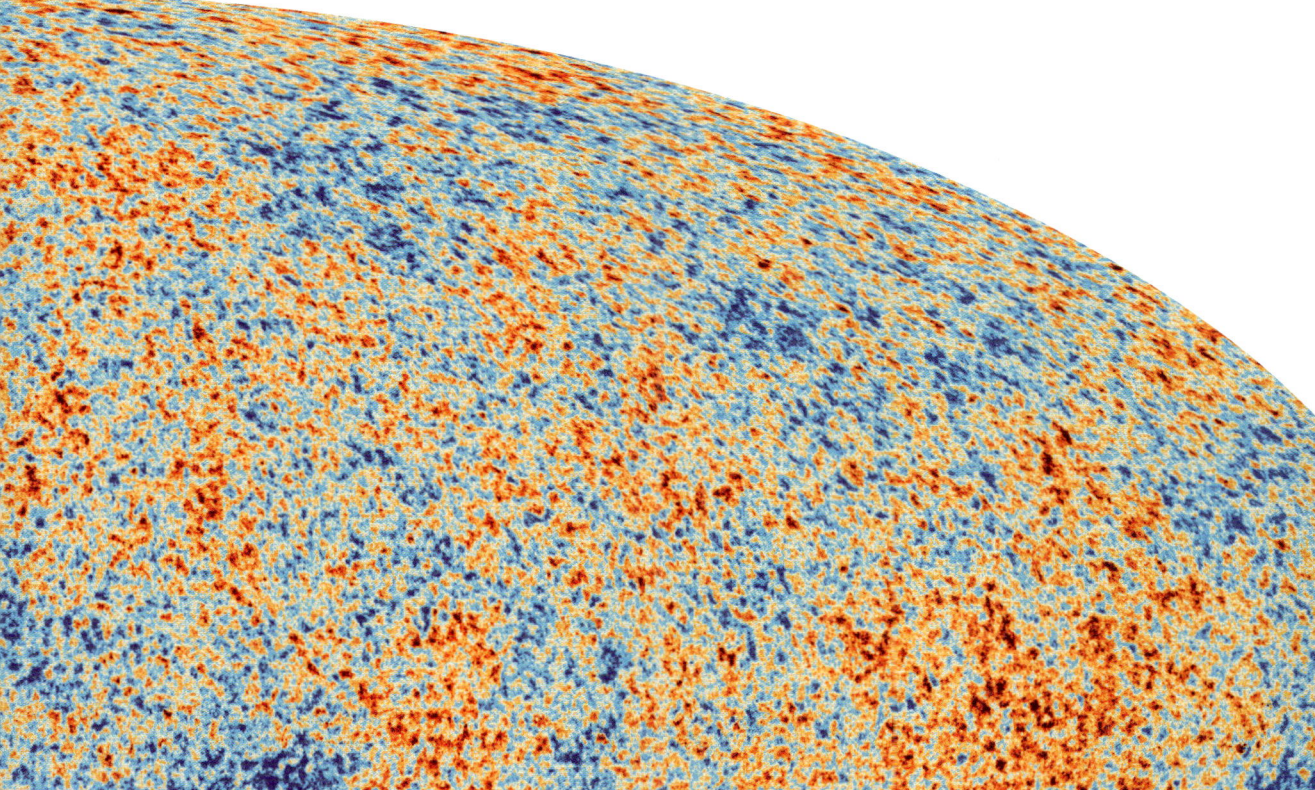

우주의 나이 38만 년일 때 우주의 온도는 3,000도. 그때 자유를 얻은 빛은 정확히 3,000도인 물체가 내놓은 파장의 빛이야. 빛에도 지문이 있는 거지. 빛을 내는 물체의 온도에 따라 빛은 고유한 파장을 가지고 있어. 3,000도를 대표하던 빛은 우주가 팽창함에 따라 길게 늘어나 현재 3도를 대표하는 빛이 되었어. 그리고 우주 어디를 보아도 이 빛들이 바탕화면처럼 깔려 있지.

우주의 나이 3억 년이 되었을 때 드디어 별이 생기기 시작했어. 우주 먼지들은 모이고 모여 거대한 덩어리가 되었고, 중심부는 외부에서 누르는 힘 때문에 고온, 고압이 되었어. 이렇게 중심의 온도가 천만 도가 되면 수소핵이 융합해 헬륨이 만들어져.

이 과정에서 빛이 생겨나지. 별 중심부에서 생겨난 빛은 수만 년 동안 별 안에서 헤매다 드디어 별 밖으로 나와. 그러면 스스로 빛나는 별이 탄생하는 거야.

✦ 우주의 최후는 어떨까?

천문학자들의 관측에 의하면, 우주는 빅뱅 이후 '가속팽창'을 하고 있어. 갈수록 더 빨리 팽창한다는 뜻이지. 이처럼 계속 팽창하면 가까이 있는 이웃 은하들이 점점 멀어져 외부 은하를 보기 힘들어질 거야.

$10^{15} \sim 10^{17}$년 후에는, 우리은하가 찢어지고 별들은 뿔뿔이 흩어져 버려. 은하수도 사라지고, 별들 사이가 멀어지면서 밤하늘에선 더 이상 별을 볼 수 없을 거야. 은하가 찢어지면서 중심부에 있던 거대 블랙홀들도 우주를 떠돌겠지. 블랙홀은 만나는 별을 그대로 흡수해. 물론 별 사이가 멀어지면 블랙홀을 만날 확률도 줄어들겠지만.

별을 이루고 있는 원자핵에는 양성자가 자리 잡고 있다는 것 기억하고 있지? 놀랍게도 양성자도 반감기가 있어. 10^{33}년이 지나면 우주에 존재하는 양성자 중 절반이 빛과 더 작은 소립자(물질을 구성하는 기본 입자)로 쪼개져. 그리고 시간이 더 흐르면 우주에는 어떤 원자도 남지 않아.

블랙홀이 남지 않냐고?

블랙홀도 영원하지 않아. 블랙홀은 아주 느리게 천천히 증발해. 흡수할 별이 하나도 남지 않으면 블랙홀은 서서히 증발하고, 10^{100}년이 흐르면 우주에 있던 가장 큰 블랙홀마저 빛만 남기고 사라져.

가속팽창하는 우주에는 빛과 아원자 입자만 남아. 아원자 입자란 모여서 양성자, 중성자를 구성하는 작은 단위의 물질이야. 이들은 시간이 흘러도 변하지 않아.

이건 무슨 뜻일까?

이 입자들은 시간이 흐르는 것을 기록할 수 없다는 뜻이야. 원자가 분해되어 사라지고, 블랙홀이 증발해서 사라지면 이 우주에는 시간이 흐르는 것을 느낄 수 있는 물질이 없어. 여러분이 그런 곳에 있다고 상상해봐. 우리는 시간이 흐르는 것을 느낄 수 없을 거야.

결국 우주는 시간을 잃어버려.

✦ 카시오페이아 A. 초신성잔해. 별이 소멸하고 있다.

✦ RCW 86. 최초로 기록된 초신성 SN 185의 폭발 후 남은 잔해로 센타우루스자리에 있다.

★ 돛자리 초신성잔해. 11,000~12,000년 전에 폭발한 별의 잔해이다.

용어 설명

ㄱ 간조 썰물 때 물이 가장 많이 빠진 상태.

강력 원자핵이 흩어지지 않도록 붙들어 주는 힘. 강한 상호작용 또는 강한 핵력과 같은 말.

강착원반 가스 구름이 빠르게 회전하면서 원반 모양으로 압축된 것.

구상성단 늙은 별 수십만 개가 공 모양으로 모여 있는 천체.

ㄴ 나선은하 나선 모양의 팔이 있는 은하.

ㄷ 달의 바다 달 표면에서 주변보다 어둡게 보이는 지역.

도플러효과 소리나 빛의 근원이 움직일 때 소리의 높낮이나 빛의 색깔이 변하는 현상. 즉 파동의 근원이 움직일 때 파동의 주파수가 변하는 현상을 말한다.

ㅁ 만조 해수면이 가장 높은 밀물 때.

ㅂ 백색왜성 태양 정도의 질량을 가진 별들이 진화를 마치고 수명을 다한 뒤 남은 천체.

불규칙은하 일정한 모양을 갖추지 않은 은하.

블랙홀 매우 강력한 중력으로 빛을 포함한 모든 물질을 빨아들이는 시공간 영역.

ㅅ 사건의 지평선 블랙홀의 경계.

산개성단 수백 개 이하의 젊은 별들이 불규칙한 형태로 모여 있는 천체.

성간물질 별과 별 사이의 비어 있는 공간에 있는 물질.

성운 대규모 성간물질이 모여 있는 것.

소행성 목성 궤도와 그 안쪽에서 태양 주위를 공전하는 행성보다 작은 천체.

신성 별이 진화 마지막 단계에 이르러 폭발하며 소멸해 가는 상태.

ㅇ 안드로메다은하 우리은하로부터 250만 광년 떨어진 나선은하. M31, NGC224.

약력 약한 상호작용.

양성자 양전하를 띠는 핵자. 원자핵을 이루는 구성 성분임.

에너지 보전의 법칙 에너지가 다른 에너지로 전환될 때, 에너지의 총합은 일정하게 보존된다는 법칙.

오르트 구름 태양계 외곽을 껍질처럼 둘러싸고 있다고 추정되는 가상의 천체들. 오르트 구름을 벗어나야 태양계를 벗어난다.

우리은하 태양계가 속해 있는 은하.

우주배경복사 우주 전역에서 발견되는 균질한 전자기파 복사.

원시별 별 탄생의 초기 단계.

위성 행성이나 다른 천체 주위를 도는 천체. 달은 지구의 위성이다.

은하 항성, 성간물질 등이 중력으로 묶여 있는 거대한 천체.

용어 설명

ㅈ   **적색거성**   크기가 크고 표면 온도가 낮아 붉은색을 띠는 별. 후기 진화 단계의 별.

  적색이동   멀어지는 천체에서 나오는 빛의 파장이 긴 파장 쪽으로 이동하는 현상.

  적색초거성   거대한 별의 진화 마지막 즈음 단계. 적색초거성이 폭발하면 초신성이 되어 에너지를 방출하고 중성자별이 된다.

  전자   음전하를 띠는 기본 입자.

  전자기력   전자기장 내의 전하, 자기량, 전류에 전자기장이 미치는 힘.

  주계열성   별 진화의 초기 단계에 있는 별. 별은 대부분의 일생을 주계열 단계로 살아간다.

  중성미자   전하를 띠지 않으며 질량이 매우 작음. 너무 작아 반응하는 물질이 거의 없다.

  중성자   전자를 띠지 않는 핵자. 양성자와 함께 원자핵을 이룸.

  중성자별   초신성 폭발 후 만들어지는 별.

ㅊ   **청색이동**   별이 가까워지면 도플러효과에 의해 빛의 파장이 짧은 파장 쪽으로 이동하는 현상.

  초신성   무거운 별이 신성보다 더욱 격렬하게 폭발하는 현상.

  초신성잔해   초신성의 폭발 후 남은 거대한 가스 구름.

  초힘   중력, 강력, 전자기력, 약력으로 분리되기 전의 거대한 힘.

ㅋ   **카이퍼대**   해왕성 바깥쪽에서 태양계 주위를 도는 작은 천체들. 카이퍼 벨트라고도 한다.

  크레이터   달 표면의 움푹 파인 지형. 화산 활동이나 운석의 충돌로 인해 생긴 것으로 추정된다.

ㅌ   **타원은하**   타원 모양의 은하.

  특이점   중력이 너무 강해서 시공간이 파괴되는 조건.

ㅍ   **팽대부**   은하 중심부의 볼록한 부분.

  플랑크 시간   광자가 빛의 속도로 플랑크 길이를 지나간 시간이자 물리적으로 측정 가능한 최소 단위의 시간. 플랑크 길이는 우주에서 측정 가능한 최소한의 길이다.

ㅎ   **항성**   스스로 빛을 내는 천체. 태양은 대표적인 항성이다.

  핵자   핵을 이루는 기본 입자. 양성자와 중성자를 말한다.

  행성   항성 주위를 도는 천체. 지구가 행성이다.

  행성상성운   태양과 같은 질량의 별이 진화 막바지에 자신의 외피층을 우주에 대량 방출하면서 형성됨.

  헤일로   은하 중심이나 주위에 구상성단이 흩어져 있는 공 모양의 지역.

  혜성   긴 주기를 두고 태양을 긴 타원 모양 궤도로 공전하거나 떠도는 천체.

  흑점   주변보다 온도가 낮아 태양 표면이 검게 보이는 영역.

작가의 말

지구인은 누구나 우주에 대한 호기심을 가지고 있어.

지구는 46억 년 전 우주 먼지들이 뭉쳐서 만들어졌고, 우리는 그 물질로 탄생한 생명체야. 지구를 만든 우주 먼지는 그전에는 아마 다른 별이었을 거야. 매우 무겁고 밝은 별이 어마어마한 폭발을 일으키며 새로운 원소를 만들어 방출하고, 그중 일부는 지구에 섞여 들어왔겠지. 이게 끝이 아니야. 그 별을 이루었던 물질은 138억 년 전 빅뱅과 함께 우주가 태어날 때 생겨난 거야. 우리 몸속에는 우주가 기록되어 있는 셈이지.

그러니 우주에 대해 호기심을 품는 것은 아주 당연한 일이야.

우주의 기원과 진화, 우주에 포함된 모든 것을 연구하는 학문을 천문학이라고 해. 천문학을 공부하는 것은 이 세상 모든 것에 관심을 가지고 수수께끼를 풀어 나가는 아주 멋진 일이야. 그런데 이 멋진 일을 하기에 지구인의 신체 능력은 부족한 점이 많아. 지구의 대기권을 벗어나서는 한순간도 살아남을 수 없고, 시력이 좋지 않아 우주를 자세히 들여다볼 수도 없어. 그래서 인간은 기계를 만들었어. 바로 망원경과 컴퓨터야.

지름이 10미터에 이르는 망원경을 만들어 우주를 바라보고, 거기에서 얻은 어마어마한 양의 자료를 컴퓨터가 처리하도록 만들었어. 망원경은 인간의 눈이 되고, 컴퓨터는 인간의 두뇌가 된 거지. 그렇게 얻은 지식을 과학자는 지구인 모두와 공유해. 지구인 전체는 천문학 지식을 공유하는 거대한 생명체와 마찬가지야.

사람들은 천문학의 발전을 과학과 기술의 진보와 관련 있다고 생각하지만, 더 중요한 것은 천문학 지식을 공유함으로써 지구인의 시야가

작가의 말

넓어져, 실제 생활을 더욱 정의롭고 풍요롭게 만든다는 점이야. 우주에서 일어나는 다양한 현상을 이해하고, 우주가 지닌 아름다움을 느낌으로써, 지구인의 삶에 대한 포용력이 넓어져 지속 가능한 공동체를 구성해야 한다는 생각을 더욱 절실히 하게 된다는 거지.

이 책에 나온 지식은 단순한 지식이 아니라, 이 우주에서 나의 물리적, 사회적, 심리적 위치가 어디인지 알려 주고 앞으로 살아갈 방향을 가리켜 주는 등대와 같아. '우주적 관점'이라는 말 들어 봤지? 좀 더 높고 먼 곳에서 바라보면 남이 보지 못하는 장면을 볼 수 있어. 그런 사람이 되는 데 천문학은 아주 큰 도움이 된단다.

그럼 우리 다 같이 우주 최강 어린이가 되어 볼까!

나는 우주 최강 고양이!

이미지 저작권

표지 NASA, ESA, C.R. O'Dell (Vanderbilt University), and M. Meixner, P. McCullough, and G. Bacon (Space Telescope Science Institute) ✦ **8-9** NASA, ESA, the Hubble Heritage Team (STScI/AURA), A. Nota (ESA/STScI) and the Westerlund 2 Science Team ✦ **10-11** Sean Goebel ✦ **12-13** NASA/Bill Ingalls ✦ **15** NASA/Solar Dynamics Observatory ✦ **16-17** NASA/JPL-Caltech/T. Pyle (SSC) ✦ **18** NASA /JPL ✦ **20-21** NASA ✦ **23** NASA ✦ **24-25** NASA/JPL-Caltech ✦ **26-27** NASA Earth Observatory ✦ **28** NASA/SDO ✦ **32-33** NASA ✦ **36** NASA/SDO ✦ **39** ESA/NASA Solar and Heliospheric Observatory (SOHO) ✦ **40-41** NASA/SDO/AIA ✦ **42** NASA/SDO/AIA/S. Wiessinger ✦ **44-45** NASA ✦ **47** NASA/GSFC/Arizona State University ✦ **49** NASA ✦ **51** NASA ✦ **52** NASA ✦ **53** NASA (상), NASA/GSFC/Arizona State Univ./Lunar Reconnaissance Orbiter (하) ✦ **55** NASA ✦ **57** NASA/Vi Nguyen ✦ **58-59** NASA ✦ **60** NASA /JPL ✦ **62** NASA's Earth Observatory ✦ **63** NASA's Earth Observatory ✦ **64-65** NASA/Bill Dunford ✦ **66** NSSDC Photo Gallery ✦ **68-69** NASA/JPL ✦ **71** NASA ✦ **73** NASA/JPL ✦ **74-75** NASA/JPL ✦ **77** NASA/JPL-Caltech/Space Science Institute ✦ **78** NASA/JPL-Caltech/SSI/Kevin M. Gill (https://commons.wikimedia.org/wiki/File:Moons_of_Saturn_-_Version_2_(26219856282).png) ✦ **80** NASA/JPL/Space Science Institute (상) ✦ **81** NASA/JPL/University of Arizona/University of Idaho (좌), NASA/JPL/Space Science Institute (우) ✦ **84** NASA Ames ✦ **85** NASA Ames ✦ **86** NASA/JPL and NASA/JPL-Caltech (좌), NASA/JP (우) ✦ **87** NASA ✦ **89** NASA/JPL/Caltech ✦ **91** NASA/JPL/SSI ✦ **92** NASA/JPL-Caltech/Univ. Arizona/Univ. Idaho ✦ **94-95** NASA/JPL-Caltech/ASI ✦ **96** NASA/JPL ✦ **98** NASA/JPL-CalTech ✦ **99** NASA/JPL-Caltech/SSI (상), NASA/JPL-Caltech/SSI (하) ✦ **100-101** NASA/Bill Ingalls ✦ **104** NASA/Ames Research Center/ISAS/Shinsuke Abe and Hajime Yano ✦ **105** Navicore (https://commons.wikimedia.org/wiki/File:Leonid_Meteor.jpg) ✦ **106** SimgDe (상, https://commons.wikimedia.org/wiki/File:Comet_2020_F3_(NEOWISE)_on_Jul_14_2020_aligned_to_stars.jpg#mw-jump-to-license), NASA/ESA/STScI/AURA (하) ✦ **108-109** ESA/MPAe Lindau ✦ **112** USGS National Map Data Download and Visualization Services ✦ **115** NASA/Cindy Evans (상, https://commons.wikimedia.org/wiki/File:Miller_Range,_Antarctica_-_Moraines.jpg), Meteorite Recon (하, https://jomarchant.com/364/egypts-earliest-iron-relic-made-from-meteorite) ✦ **116-117** NASA/JPL-Caltech ✦ **118-119** NASA, ESA, Massimo Robberto (STScI, ESA), Hubble Space Telescope Orion Treasury Project Team ✦ **123** NASA, ESA, CSA, STScI, Tea Temim (Princeton University) ✦ **124** ESA/Hubble & NASA, G. Piotto et al. ✦ **127** NASA/CXC/S. Lee ✦ **128-129** NASA/CXC/S. Lee ✦ **130** X-ray: NASA/CXC/SAO; Infrared: NASA/STScI; Image Processing: NASA/CXC/SAO/J. Major ✦ **131** X-ray (NASA/CXC/CfA/S.Chakraborti et al.) ✦ **134-135** NASA, Night Sky Network ✦ **137** ESA/Webb, NASA, CSA, M. Barlow (UCL), N. Cox (ACRI-ST), R. Wesson (Cardiff University) ✦ **138** NASA/JPL-Caltech ✦ **139** NASA, ESA, HEIC, and The Hubble Heritage Team (STScI/AURA)(상), ESO/I. Appenzeller, W. Seifert, O. Stahl, M. Zamani (하) ✦ **140** NASA, ESA, M. Robberto (Space Telescope Science Institute/ESA) and the Hubble Space Telescope Orion Treasury Project Team ✦ **141** NASA, ESA, and The Hubble Heritage Team (STScI/AURA) ✦ **142-143** NASA Visualization Studios, Jeremy Schnittman ✦ **149** ESO/M. Kornmesser ✦ **150-151** ESO/M. Kornmesser ✦ **155** Illustration: ESO, ESA/Hubble, M.Kornmesser/N.Bartmann; Labels: NASA/CXC ✦ **156** EHT collaboration (acknowledgment: Lia Medeiros, xkcd) ✦ **157** EHT collaboration (acknowledgment: Lia Medeiros, xkcd) ✦ **158-159** National Science Foundation/Keyi "Onyx" Li ✦ **160-161** NASA/CXC/M.Weiss ✦ **162-163** NASA, ESA, CSA, STScI, A. Riess (JHU/STScI) ✦ **164-165** G. Hüdepohl (atacamaphoto.com)/ESO ✦ **167** David Dayag (https://en.wikipedia.org/wiki/Andromeda_Galaxy#/media/File:Andromeda_Galaxy_560mm_FL.jpg) ✦ **168** NASA/

JPL-Caltech ✦ **169** ESA; layout: ESA/ATG medialab ✦ **170-171** Stefan Payne-Wardenaar; Magellanic Clouds: Robert Gendler/ESO ✦ **173** NASA, ESA, CSA, STScI; J. DePasquale, A. Koekemoer, A. Pagan (STScI) ✦ **174-175** NASA, ESA, CSA, STScI ✦ **176-177** NASA/JPL-Caltech ✦ **178** ESO (좌), ESA/Hubble & NASA (우) ✦ **179** ESO ✦ **180-181** ESO/S. Brunier ✦ **182** ESO/José Francisco Salgado (josefrancisco.org), EHT Collaboration ✦ **183** NASA, ESA, S. Beckwith (STScI) and the Hubble Heritage Team (STScI/AURA) ✦ **184-185** ESO/José Francisco Salgado (josefrancisco.org), EHT Collaboration ✦ **186-187** By NASA/ESA/Hubble Heritage (STScI/AURA)-Hubble/Europe Collab ✦ **192-193** NASA, ESA, Hubble Heritage Team (STScI/AURA), R. Gendler ✦ **197** ESO ✦ **200-201** International Gemini Observatory/NOIRLab/NSF/AURA/P. Horálek (Institute of Physics in Opava) ✦ **204-205** ESA – C. Carreau ✦ **208-209** ESA/Planck Collaboration ✦ **212** NASA, ESA, CSA, STScI, Danny Milisavljevic (Purdue University), Ilse De Looze (UGent), Tea Temim (Princeton University) ✦ **213** ESO ✦ **214-215** ESO/VPHAS+ team. Acknowledgement: Cambridge Astronomical Survey Unit

우주가 보이는 우주책

2025년 1월 20일 초판 1쇄 발행 | 2025년 8월 20일 초판 2쇄 발행

글 이지유

편집 김양희 | **디자인** 디자인디 | **펴낸이** 이은엽 | **펴낸곳** 도서출판 크래들 | **주소** 제주특별자치도 제주시 신대로 14길 24, 802호
출판등록 2015년 12월 24일 | **등록번호** 제2015-000031호 | **전화** 064-747-4988 | **팩스** 064-747-4987 | **이메일** iobook@naver.com
값 29,800원 | **ISBN** 979-11-88413-15-7 73440

이미지 저작권에 문제나 오류가 있는 경우 도서출판 크래들에 연락 주시기 바랍니다. 잘못 만들어진 책은 구입처에서 바꿔 드립니다.
저자와 출판사의 동의 없이 이 책의 글을 전부 또는 일부를 사용할 수 없습니다.

품명 도서 **재질** 종이 **제조국** 한국 **제조업체** 삼성인쇄 **제조연월** 2025년 8월 **주소** 제주특별자치도 제주시 신대로 14길 24
전화번호 064-747-4988 **사용연령** 초등 이상